●高等教育体育专业通用教材

水中健身理论与实践

主　编　温宇红
副主编　沈思佳
编　委　（以姓氏笔画为序）
丁玲娣　王　烨　王　嵘　尤玉青
史　欣　冯琳琳　朱玉琼　朱　笛
肖　红　张　军　曹　冰　蓝　怡
潘黎君

北京体育大学出版社

策划编辑　佟　晖
责任编辑　佟　晖
审稿编辑　董英双
责任校对　未　茗
版式设计　博文宏图

图书在版编目(CIP)数据

水中健身理论与实践/温宇红主编. --北京:北京体育大学出版社,2017.9
ISBN 978-7-5644-2754-2

Ⅰ.①水… Ⅱ.①温… Ⅲ.①水上运动-健身运动-研究 Ⅳ.①G861

中国版本图书馆 CIP 数据核字(2017)第 247127 号

水中健身理论与实践　　温宇红　主编

出　　版　北京体育大学出版社
地　　址　北京海淀区信息路 48 号
邮　　编　100084
邮 购 部　北京体育大学出版社读者服务部 010-62989432
发 行 部　010-62989320
网　　址　http://cbs.bsu.edu.cn
印　　刷　北京京华虎彩印刷有限公司
开　　本　710 毫米×1000 毫米　1/16
成品尺寸　240 毫米×170 毫米
印　　张　16.5

2018 年 1 月第 1 版第 1 次印刷
定　价　80.00 元

编写说明

水中健身是人们为了达到促进健康、增强体质、伤病康复、塑造体型或休闲娱乐等目的，利用水环境的特点，在水中进行的各种形式的锻炼活动。长期的陆上体育活动，往往会给运动者带来运动损伤的困扰，而水中健身活动充分利用水的特性，可以有效地避免陆上活动所带来的损伤。水中健身活动运用运动生理学、运动医学等学科理论指导锻炼，通过提高肌肉力量、肌体柔韧性、改善心血管系统等机能水平，达到强身健体、伤病康复的作用，同时还可以促进人与人之间的交流，达到陶冶情操、休闲娱乐的目的。现代水中健身活动内容有水中有氧练习、水中柔韧练习、水中肌肉力量练习，还有水中行走、跑步、跳跃等，形成了包括水中健身操、水中康复、水中力量训练和水中娱乐等主要内容的锻炼体系。不论年龄、性别、体质和运动水平如何，都可以选择适合自己的水中健身活动。

本教材精选水中健身操、水中体能训练、水中康复训练、水中娱乐互动等水中健身活动的常用练习方法，通过图文结合的形式帮助读者了解、掌握并进行水中健身活动；教材还针对不同的授课群体特点，设计适用于俱乐部、高等院校、中小学的水中健身课程大纲，更好地为今后水中健身课程的开展提供帮助。随着全国水中健身操赛事的广泛开展，教材还介绍了水中健身操的创编原则和基本步骤与方法，并结合创编案例系统地展现水中健身操创编过程。

本教材由国家体育总局游泳运动管理中心组织编写，北京体育大学温宇红教授主编，北京体育大学沈思佳任副主编，全书由温宇红、沈思佳、史欣统稿。参加编写人员均为国内长期担任水中健身教学、竞赛组织和裁判工作的高校教师。教材适用于全国或地方水中健身教学培训、高校水中健身课程以及俱乐部培训课程。

编写分工如下：第一章，朱笛（天津体育学院）；第二章第一节至第二节，尤玉青（复旦大学）；第二章第三节至第四节，潘黎君（上海体育学院）；第三章第一节，温宇红（北京体育大学）；第三章第二节，朱玉琼（湖北省体育局）；第三章第三节至第五节，史欣（北京体育大学）；第四章第一节至第二节，丁玲娣（上海交通大学）；第四章第三节，王烨（清华大学）；第五章，肖红（西安体育学院）；第六章，蓝怡（成都体育学院）；第七章第一节至第二节，沈思佳（北京体育大学）；第七章第三节至第四节，冯琳琳（同济大学）；第八章第一节至第二节，蓝怡（成都体育学院）；第八章第三节，曹冰（南昌航空航天大学）；第九章，王嵘(天津体育学院）；第十章，张军（武汉体育学院）。

感谢教材中示范运动员及拍摄人员湖南师范大学龙俐君，浙江大学赵峰，浙江工业大学杨琼琼、首都医科大学孟小琛、上海大学尹默林、梁涵越，成都体育学院曹强锋、李强、杨懿，北京十一学校吴宗岱，北京体育大学乔侨、汪文瑾、陈昌旭、陈永丰。

因水平有限，教材中如有错误，敬请指正。

《水中健身理论与实践》编写组

目录 CONTENTS

第四章　水中健身操的教学

第五章　水中健身练习计划的制定

第六章　水中体能训练

第七章　其他水中活动

第八章　水中康复训练原则和方法

第一章　水中健身概述

本章教学提示

1. 本章主要介绍水中健身的发展概况和水中练习的特点。

2. 水中健身练习对人体健康的作用。

3. 对水中健身活动建立基本的概念，有利于学习此教材的全部内容。

关键术语

健身、水中健身活动、水的特性

水中健身是人们为了达到促进健康、增强体质、伤病康复、塑造体形和休闲娱乐等目的，利用水环境的特点，在水中进行各种形式的锻炼活动。

水中健身练习广泛地运用了运动解剖学、运动生理学、运动医学、流体力学和运动心理学等学科理论指导锻炼，通过练习提高肌肉力量、肌体柔韧性、改善心血管系统、呼吸系统等身体机能，达到强身健体、康复医疗作用；同时还可以促进人与人之间的交流，达到陶冶情操、休闲娱乐等目的。

第一节　水中健身活动开展现状

健身，是人类在其生命过程中追求的永恒主题。现代社会人们生活节奏加快，脑力劳动繁多，心理压力增大。

为改善运动不足，消除社会、家庭等方面带来的心理压力，各种愉悦身心、强身健体的大众健身练习活动应运而生。

水中健身活动一直被人们认为是一项时尚且现代的健身练习方式。生命起源于水，生命的延续也离不开水。很早人类就已充分认识到水中活动有着非常重要的健身和娱乐作用。两千多年前人类就开始嬉水活动。他们从沐浴开始，逐渐形成了各种水中娱乐、水中康复练习活动。我国春秋时代的“天池”、汉代的“太液池”等都是当时贵族常去玩乐的场所。当时的古希腊也出现了一些水中健身与娱乐活动，水浴、水中康复及水中游戏活动深受人们的欢迎。其后的古罗马帝国也已开展了一些水中健身活动，2000 年前的卡拉卡拉浴场的墙上就刻有“水是健康之本”的字样，每天有数千人利用此浴场沐浴和水中锻炼。这就是人类史上早期的水中健身活动。而从 20 世纪 80 年代兴起的水中健身练习也可以称为现代水中健身活动。

一、国外水中健身活动开展现状

现代水中健身活动在美国、德国、日本等国家开展得很好，深受广大健身爱好者的青睐。据统计，美国全国的水中健身行业从业人数已经超过18000人，约有600万美国人定期从事水中健身活动。如今，美国各地的健身吧、酒店、旅馆健身房中配有许多水按摩池和水中健身操池。一些孕妇为了缓解孕期不良症状，期望顺利分娩而参加水中健身课程。医院的水中康复治疗非常盛行，许多医院设有游泳池并配备专业的水疗师对病人进行检查，根据病情开出水中康复的处方，患者在水疗师的指导下利用水环境进行康复治疗。资料显示：美国参加健身活动的女性群体中有近30%的人选择水中健身操作为自己的健身方式。大量的健身爱好者常年定期在俱乐部参加各式各样有指导的水中健身练习。

日本人更是非常喜欢游泳、水中健身操和水中各种有氧练习。据统计，日本有1000多个游泳俱乐部，进行各种水中健身活动的人口有数百万之多，20个世纪80年代后期，日本就有人开始水中有氧练习和水中健身操的研究，90年代初向全国推广。俱乐部开展的水中健身操课程包括准备活动、有氧练习、伸展练习、整理活动四个部分。课上使用打水板、划水掌、浮力棒、负重背心、浮力泳服等水中健身操辅助器具。练习中让练习者身体跟随音乐的节奏在水中跳舞，将舞蹈与水中运动密切结合，充分发挥两者的长处，深受健身爱好者好评并得到快速地推广普及。

此外，德国的温泉以及各式各样的水疗康复机构、疗养院，具有良好的健身效果；法国的海水、海藻疗法取得了很好的康复、健身效果；水中锻炼活动在澳大利亚也深受大众喜爱，他们把水中健身操当成是一种医疗方法，坚信水中健身练习对心血管疾病、糖尿病都有很好的疗效。

由此可见，水中健身练习及各种具有神奇疗效的水疗方法，越来越受到全世界广大健身爱好者的喜爱，水中健身市场得到了快速发展。

二、我国水中健身活动开展现状

大众健身、休闲体育的发展与经济水平的提高密切相关。随着人们物质生活水平的提高，我国体育健身和休闲体育已得到了进一步发展。

近年来国家为开展群众体育活动投入了大量人力、物力、财力，体育活动场地设施迅速增长，群众体育工作队伍快速发展，体育健身行业已形成较大的规模。全国各地大众健身活动热情高涨，“花钱买健康”的意识已在我国城市居民中逐渐形成。

我国现代水中健身活动的发展已经历了近 20 年。从本世纪初，北京协荣游泳俱乐部、南京欢腾水中健身俱乐部、武汉英东游泳馆以及深圳银湖健康水会等俱乐部都开设了各种水中健身练习课程，对我国水中健身活动的发展做出了很大的贡献。受欧州、美国、日本等国外水中健身活动影响，从开展至今，其内容的形成经历了一个渐进的发展过程。

现代水中健身练习内容有徒手水中有氧练习、水中行走、水中跑步、水中跳跃、水中康复练习、水中休闲球类活动等形式，此外，使用专门器械进行各种水中锻炼形式也百花绽放。现在，我国水中健身活动已形成了包括水中健身操、水中康复练习、水中体能练习和其他各种水中活动等内容的完整体系。

游泳活动在中国一向受到广大群众的喜爱。近年来，随着游泳教学班的频繁举办，游泳人口大幅增加，人们在水中的活动有了更丰富的需求。为推动水中健身活动在全国范围内开展，满足广大群众的需求、更好地利用水中活动来强身健体，拓宽游泳馆（池）新项目，国家体育总局游泳运动管理中心自 2001 年开始每年举办一至两期水中健身教员培训班，至 2017 年已培养了水中健身教员两千余人。水中健身教员的队伍正在逐步扩大并活跃在全国各地的水中健身场所，为推动水中健身活动在全国范围内开展做出了巨大的贡献。

图1－1　全国水中健身教员培训班

随着水中健身在世界各地的不断发展，练习内容更加科学、丰富。各国不断融入具有本国特点和民族特色的内容与方法，中国的传统文化与传统健身方法进入水中健身领域一定会带来很好的效果。今后，我们祖先留下的五禽戏、八段锦、太极拳等优秀的健身方法，通过合理导入水中健身体系，其锻炼价值会有新的突破。少数民族婀娜多姿的舞蹈、北方人欢天喜地的大秧歌，融入到水中健身操之中来练习，有可能让中国的老百姓更喜爱。因此，只要抓住水中练习的特征，水中健身练习的方法将会更加丰富多彩。

第二节　水中健身活动分类

现代游泳运动由竞技游泳、实用游泳、大众游泳三部分组成。水中健身活动是大众游泳中的一部分，其分类包括水中健身操、水中康复练习、水中体能训练、和其他水中活动等内容。

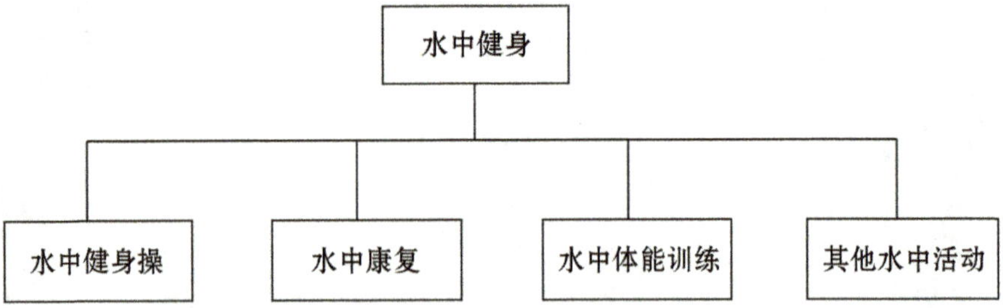

图1－2　水中健身活动分类

一、水中健身操

水中健身操是在有或无音乐的伴奏环境中，以体操、舞蹈或肌肉强化练习等形式进行锻炼。水中健身操主要由准备活动、有氧练习、肌肉强化练习和整理活动四部分构成，可以采用单人、双人或多人集体的形式。动作包括徒手或借助器械的水中行走、水中跑步、水中跳跃、水中柔韧与肌肉练习动作，还可以借鉴健身操、舞蹈、武术、花样游泳等项目中的动作。

通过水中健身操的练习，可以改善心血管系统和呼吸系统的机能，增进肌肉的工作能力与关节的灵活性，治疗运动损伤。此运动同时具有促进人与人之间的交流、陶冶情操，达到身心健康的作用。

水中健身操适宜不同年龄段的人群，最好是身体状况较好、无重大疾病和急性或慢性损伤的人群。

二、水中康复练习

水中康复练习是充分利用水的自然特性与水中运动的生理生化基础知识对练习对象进行治疗、训练，以缩短康复治疗期，尽早恢复生活、劳动能力为目的而采取的水中锻炼方法。

在水中康复练习的过程中，可利用适当的音乐，消除患者焦燥与不安情绪，使之树立克服病症的自信心，在松弛的状态下进行练习。

当前，成年人的多发病有很多是由运动不足或饮食不合理导致血液循环不良造成的，如：高血压病、糖尿病、心脏病、动脉硬化等病症。通过水中康复练习可改善血液循环，促进新陈代谢，有效预防此类疾病的发生，同时对此类疾病有良好的改善作用。

对于有运动损伤的患者而言，为加强肌肉力量而进行的陆上训练很困难，特别是腰疼患者，因疼痛程度加大，难以持续进行陆上练习，而由于水的浮力，可使人体处在近似于“失重”状态，在此条件下进行有针对性的力量及柔韧练习，可改善腰疼状况，可收到很好的效果。各种康复练习的内容可以采用单人、双人或多人集体的练习形式，动作包括游泳、游戏、徒手及借助器械的单人与双人或多人的水中行走、水中慢跑、水中康复操、水中柔韧与肌肉练习等，进行此练习时必须有专业人士指导并注意加强医务监督。

水中康复包括对高血压病、更年期综合征、腰疼、膝疼、颈椎疾病、运动损伤及哮喘儿童、脑瘫儿童等患者进行的康复练习活动。

三、水中体能训练

体能是人体在运动时所表现出的能力。体能包括力量、耐力、速度、灵敏和柔韧等身体素质，体能水平的提高对于抗疲劳、预防疾病有着重要的意义，水中体能练习对提高以上各种能力有着良好的效果。

进行水中体能练习时，人体直立或横卧在水中，借助水的浮力与阻力，通过肢体动作使身体移动或推动水来完成练习，主要采用游泳、游戏、徒手及使用水中练习器械来增加负荷的练习方式。一般进行水中体能练习时，常采用单人、双人或多人的水中行走、水中跑步、水中跳跃、水中柔韧与肌肉练习等。

体能练习不仅适用于各种身体活动能力低下的人群提高体能水平，对健康人群提高身体素质状况也非常有效。

四、其他水中练习

其他水中练习包括水中瑜伽、水中普拉提、水中芭蕾、各种活力水中操等以及为达到休闲娱乐与提高水中活动能力而进行的各种趣味性水中练习。

这些水中练习不仅有良好的锻炼效果，同时，还可以消除由工作与生活压力而带来的精神疲劳，改善情绪。而且还可使参加者更加熟悉水环境，消除怕水心理，特别是对不会游泳的人学会游泳及水平较低的人快速提高技术水平有着良好的作用。水中娱乐活动有利于人与人之间增进友谊，树立集体观念。

这种练习适宜于各个年龄段的人群，但一些强度较高的活动不适宜老年人和伤病者。

第三节　水中健身活动特点及作用

陆上体育活动是人类进行身体锻炼的主要形式，它具有良好的健身效果，但是，人们逐渐发现，陆上练习也会给练习者带来运动损伤与烦恼。例如：高尔夫球练习，由于常常只使用一侧的肌肉而造成腰痛；网球、棒球练习时大量使用肘关节而造成肘痛；20 世纪 80 年代流行的陆上健美操，受重力影响在陆上多次重复跳跃运动，对腰、膝、踝等部位的强刺激往往会使练习者造成损伤。

因此，有人开始想到利用水的特性，在水中进行各种练习可能会避免上述损伤。试验结果表明，水中锻炼的效果极好。有上述损伤的人，在一段时间的练习后，疼痛得到了不同程度的缓解。由此可见，水中练习不仅具有避免运动损伤的效果，同时还具有康复病痛的作用。除此之外，老年或某些疾病患者、妊娠、肥胖等人群在陆上练习也有不便之处或效果不佳的状况，而水中练习具有独特作用。

一、水中健身的特点

（一）水的难以压缩性与水中运动的关系

在一般情况下，水在受到外界压力后体积不缩小。水的难以压缩性是人在水中受到浮力的根源，根据这个特性，在水中运动时肢体做各个方向的运动时都要用力。在水中，当人们放松时，由于浮力的作用，肌肉的支撑作用减轻，肌肉可以更加放松。肌肉放松使呼吸更加轻松、有节奏，这些都有助于提高牵拉伸展的效果。

同时，水中健身练习时应尽量保持身体平衡。在水中能否保持平衡，取决于身体重心与浮心之间的相互关系。随着身体做不同的动作，重心和浮心的位置不断地改变着，如果不能保持平衡，就容易摔倒，甚至造成呛水或溺水。

（二）水的黏滞性与水中运动的关系

水具有黏滞性，它产生于分子间相互吸引的作用。这是人在水中运动时受到阻力的根源。因此，在水中运动时肢体克服的阻力比陆地上大，同样的动作消耗能量比陆地上多。在游泳时，为了提高游泳速度，应该尽量减小这些阻力，而在进行水中健身活动时，为了提高锻炼效果，应该尽量利用阻力。身体或肢体的面积越大，阻力就越大。在进行水中健身活动时，为了增大阻力，有时要求练习者用肢体（手臂等）对准水活动效果最好。

（三）水的流动性与水中运动的关系

水具有流动性，因为水的流动性，人在水中运动时，得不到来自水的固定支撑，得不到像陆地上动作用力的效果，在水中难以表现出爆发式的用力。

根据这个特性，水中健身活动的动作一般比较缓慢，不像在陆地上那样激烈，所以水中运动比较安全，不易受到损伤。

（四）水的导热性与水中运动的关系

游泳池的水温一般是恒定的，通常会大大低于体表温度，而且水的导热速度比空气快20余倍，人在水中散热较快。因此，以同样的时间和强度运动，在水中消耗的能量要比陆地上大，如游泳消耗的能量是步行6～8倍。

二、水中健身的作用

水中健身是在水中进行的身体锻炼活动，它与陆上练习最大的区别就是进行练习时的环境介质不同。水中健身是游泳运动的一部分，对于提高人体运动机能和身体健康水平、丰富人们文化生活及满足休闲健身要求有着重要的意义。

（一）对神经系统的作用

人在水中运动，由于受到水的温度、浮力、阻力的作用，再加上体育运动的动作，对提高大脑皮层兴奋性的功效更大，使兴奋和抑制达到高度平衡，能使人更快地进入工作状态。人体在接触冷水以后，大脑皮质和体温调节中枢立即兴奋起来，调动全身各个系统和器官，加强活动，大量产热，以便抵抗外界环境寒冷的刺激，促使头脑清醒、思维敏捷。长期锻炼通过神经反射和对大脑的作用，会使大脑的指挥功能增强，使人的意志更为坚强，并能达到防止脑细胞衰老和死亡的效果；进行水中运动有利于加速疲劳的消除，精神焕发。

（二）对心血管系统的作用

经常进行水中运动，特别是水中有氧运动，对心脏有良好的影响。它可以使心肌收缩，蛋白质和肌红蛋白的含量增加。

人在齐腰深的水中，不用运动就会感到心跳加速。进入低于体温的水中时，身体为了抵御寒冷，把储藏在肝脾等血库里的血都调动起来，流进身体各处的血管。参加循环的血液多了，心跳的功能必然得到加强。入水后，血管遇冷急剧收缩，然后，又自然扩张，这样一收缩一舒张的运动，被称为“血管体操”。血管体操具有使血管的弹性和韧性增强，提高血液与组织器官进行交换的能力，静脉血管回流血液增多。可以改善身体整个血管系统结构，避免了高血压病、动脉硬化和冠心病的发生。

（三）对呼吸系统的作用

人接触比自己体温低的水时，因受到冷水的刺激，便会不由自主地进行一次深呼吸运动。这种运动有利于增强呼吸肌的收缩能力。经过长期的锻炼，呼吸肌逐渐发达起来，变得强壮有力，呼吸功能大大提高。肺活量明显增大，肺泡的弹性增加，这样就能吸进更多的氧，呼出更多的二氧化碳。由于呼吸加快加深，从而使呼吸肌和膈肌得到锻炼，肺和气管的弹性增强，气体交换与贮存氧气的能力增强。经常进行水中运动的人，呼吸系统的神经调节中枢得到改善，在应激情况下反应快，调节准确；在安静情况下呼吸深沉而平缓。有些遇冷易患伤风感冒的人，经过这样的锻炼，可使抗寒能力增强，减少伤风感冒的发生。

（四）对运动系统的作用

长期进行全身性的水中运动，可以改善骨的血液循环，加强骨的新陈代谢。

科学的水中运动既可以提高关节的稳定性，又可以增加关节的灵活性和运动幅度。其原因在于水中运动可以使关节周围的肌肉发达，力量增强，增加关节囊和韧带厚度，使关节稳定性增强，使关节能承受较大的负荷。在提高关节稳固性的同时，由于关节囊、韧带和关节周围肌肉的弹性和伸展性提高，关节的运动幅度和灵活性也大大增加。

体育锻炼能使肌肉变粗，水中运动的这种效果很明显。经常参加水中运动的人，可以动员更多的肌纤维参与活动，还可使肌肉产生一系列的代谢适应性变化，如肌肉中毛细血管增加，保证氧气及养料的供给，肌肉内各种酶活性提高等，从而保证肌力的发挥。

（五）对内分泌系统的作用

人体各个器官的机能，一方面受神经系统的调节，另一方面也受内分泌的调节。后者是靠人体某些腺体或组织细胞分泌的各种类型的激素来加以调节和控制。水中健身锻炼对人体的各种腺体结构和机能均能产生良好的影响。对冷热的适应能力和抵抗能力也都很强。

（六）使人心情舒畅，精神愉快

情绪不好，不但有损健康，而且影响学习和工作。身体虚弱、多病经常失眠，是造成悲观失望、焦虑等不良情绪的常见原因。参加水中健身运动，会使人感到生活的丰富多彩，有利于转移不良情绪。运动除能使大脑的兴奋和抑制系统保持平衡外，还能使血液和大脑中的去甲肾上腺素增多。当血液中去甲肾上腺素增多时，人们的心情就愉快；当血液中的去甲肾上腺素减少时，人们的情绪就低落。

因此，经常进行水中运动，不仅有助于身体的发展，而且能调节人的心理，产生一种美妙的快感，使人心情舒畅，精神愉快，从而增强人的自尊心、自信心和自豪感。

（七）塑造优美形体

水中运动是一项肌肉在水中抗阻力活动，通过肌肉的变化能够塑造优美的体形。肌肉在水中收缩过程中，发生从量变到质变的一系列变化。肌肉的体积增大，表面突起，更加丰满有力。由于肌肉发达的缘故，男性显得格外魁梧健壮，女性线条更加明快多姿，显示了自然美的魅力。

在水中进行运动，受水的流动特性与水温低于体温的影响可以改善皮肤的血液循环，加强皮下组织的营养供应抵抗力，让皮肤受到水的机械性的摩擦按摩，使皮肤弹性增强，皱纹消失，保持丰满健美的状态。

与此同时，水中运动对减肥也具有极好的效果。其作用在于加大能量物质的消耗，特别是能够有效地加大脂肪的消耗。因为水的温度低于体温，水的散热性强，而水中锻炼又是典型的有氧运动，有氧运动可以大大提高机体的热量消耗，因此，具有良好的减肥效果。

思考题

1. 简述水中健身的基本概念与分类。
2. 水的特性对水中运动有何影响?
3. 简述水中健身的作用。

推荐读物

1. 全国体育院校教材委员会审定. 游泳运动[M]. 北京:人民体育出版社,2001. 10.
2. 朱笛,温宇红. 水中健身[M]. 北京:人民体育出版社,2007
3. 中国游泳协会官方网站:http://swimming. sports. org. cn

参考文献

[1] 朱笛,温宇红. 水中健身[M]. 北京:人民体育出版社,2007.

[2] 全国体育院校教材委员会审定. 游泳运动[M]. 北京:人民体育出版社,2001. 10.

[3] 朱笛,王嵘. 高等院校增设水中健身课程的可行性与发展趋势的研究[J]. 运动. 北京体育大学出版社,2012. 5(42).

[4] 野村武男. 水中健康法[M]. 东京:善本社,1996.

[5] 熊玮. 水中健身操的起源与发展[J]. 才智杂志社,2010(02).

第二章　水中健身活动的准备

本章教学提示

1. 本章对开展水中健身活动所需要具备的条件、安全管理措施以及场地、器材等进行了介绍。

2. 对开展活动需要进行的热身，针对水环境需要了解的自救和互救等技巧进行了描述。

3. 对不同人群进行水中活动时，应注意的事项做了具体介绍。

关键术语

安全管理、环境、装备、热身、放松、自救、互救、注意事项

第一节 水中健身活动的安全管理

在水环境中进行的任何运动，都要结合水的特性，树立风险意识，建立健全安全管理措施和制度，杜绝安全漏洞。

水中健身的组织形式多种多样，例如水中健身操、水中力量训练、水中康复训练、水中游戏以及竞赛等。这些活动都是在教师的组织下进行的，因此教师以及场地管理人员有责任对活动的安全进行充分的准备和检查，并制定相关应急预案，避免伤害事故的发生。

一、水中健身教员需要具备的基本素质

水中健身教员的素质条件由思想素质、能力素质、知识素质三方面构成。思想素质起着主导作用，能力素质是教员素质中的主体，知识素质是三要素中的基础。三者之间互为渗透、相辅相成，是作为一名优秀教员所必备的基本条件。

（一）思想素质

思想素质在教学、练习中起着决定性作用的因素，由思想、意志、品格三方面构成。

1. 思想要素

教员必须热爱体育事业，有强烈的事业心，尽职尽责地做好本职工作，具备为人民服务、为社会奉献的精神。

2. 意志要素

水中健身在我国还是个新兴的行业，工作中要不断学习提高自己，敢于实践、敢于创新、永不满足于现状。在困难和挫折面前有坚韧不拔的毅力，谦虚谨慎、戒骄戒躁。要时刻保持清醒，严以律己、为人师表，在各种场合中注意自己的形象。

3. 品格要素

崇高的理想、顽强的意志、高尚的品格是每一名优秀教员所必备的，它将永远推动着教员在自己的事业中勇往直前。尊重、热爱广大体育锻炼者是水中健身教员的重要道德规范。

（二）能力素质

教员的业务能力与工作实效是密切相关的，业务能力是一名教员在教学与训练过程中传授体育知识、技能的基础。它由基本能力和特殊能力两方面构成。

1. 基本能力

基本能力包括认知能力、计划能力、教学及组织能力、交际能力。教员在制定指导练习内容时应具有想象力和预见能力，制定出高水平的教学训练计划。教员应时刻注意教学训练对象是以强身健体、消闲娱乐、与人交流、消除精神压力等为目的，教员要善于取得广大体育锻炼者的信任，具备主动交际及协调人际关系的能力。指导练习中语言表达要生动形象、准确简洁，技术示范标准，能控制学员的注意力，掌握学员的心理状态，高质量完成教学训练计划。

2. 特殊能力

教员能根据教学对象所具备的身体形态及生理机能、身体素质、心理素质、练习目的与要求来选择不同的教学训练手段，做到因人施教。在指导练习过程中时刻对教学对象发出的有形或无形的反馈信息，能及时地捕捉分析，并能对其做出相应的处理，尽最大努力使所有参加练习的人都能得到满意的收获。

（三）知识素质

知识素质是教员素质中的基础部分，也是教员完成好教学训练的重要保障。

1. 基础理论知识

教员应具备运动解剖学、运动生理学、运动医学、流体力学、运动生物力学、运动心理学、运动生物化学、教育学、体育管理学、体育测量学、营养学、法学、环境保护学等学科知识。

2. 专项理论知识

教员应掌握水中健身活动的发展史及当前世界与我国的发展趋势、科学研究的最新动态及先进的教学训练方法、医学监督和管理方法。在指导教学训练时充分利用多学科的综合优势充实指导练习内容，提高指导水中健身练习的水平。

二、水中健身教员的职责

教员应在水中健身指导中起主导作用。水中健身教员的具体职责有以下几个方面组成。

（一）进行水中健身训练和发展力量素质、速度素质、耐力素质、灵敏素质、柔韧素质以及各种身体练习的基础指导。使练习对象掌握专项技术，学会科学锻炼身体的方法。

（二）进行提高运动技术水平的专项技术指导。通过指导使练习对象掌握正确的运动技术、并不断提高运动技术水平，使之具有指导较高水平运动技术的能力。

（三）负责制定训练计划，并能保证完成每次课的训练任务。课的任务具体、内容准确、方法得当、运动量合理。

（四）充分掌握体育保健、医学监督、水中救生、心肺复苏、现场急救等知识，并以科学的理论、方法指导训练。出现伤害事故时能采取恰当的对策进行处理，并能及时找出原因、查明责任，最大限度地减少、避免伤害事故的发生。

（五）负责训练对象的健康及体质状况的测定与评价，并根据评价结果，制定适宜的运动处方指导其练习。

（六）负责训练对象的健康管理和安全管理，为之制定健康管理档案。定期进行健康咨询与测定，随时掌握其健康状况。能在意外情况发生时，保持头脑清醒，及时正确地解决问题。

（七）努力学习，刻苦钻研业务。充分利用多学科知识指导训练，提高训练的效果。及时了解本专业的发展趋势及竞赛规则的变化。根据国内外先进经验，结合实际，改革创新。

（八）负责商业体育设施的指导和管理。精通本专项有关训练器材的使用、维护知识和方法。

（九）具备训练场所的环境保护意识及知识，提高训练对象在体育锻炼时的环境保护意识，防止体育场所的不必要污染。

（十）按照规定，参加岗位培训，定期接受业务考核，按规定向主管部门汇报训练情况，做好个人定期工作小结。

（十一）具备教学与训练场所的消防安全法规知识，掌握消防的基本技术、技能以及意外事故、灾害发生的对应能力。

（十二）要崇尚科学、宣传科学，坚决反对伪科学、封建迷信以及其他有碍社会主义精神文明的传播活动。

（十三）行为举止礼貌、大方，使用语言文明，仪表整洁，时刻注意保持良好形象。

（十四）服务态度热情周到、诚恳，平等待人，不得有性别、民族及对残疾人员的歧视。

三、水中健身活动的场地要求

（一）池　底

进行水中健身活动的理想场所是人工游泳池。池底应平整干净，有清晰明显的水深标志，不能有突然的倾斜或异物。有垫层或瓷砖的池底会有缝隙，或者过于光滑，应允许使用水中健身鞋。

（二）水　温

适宜的水温是进行水中健身练习的一个重要条件。身体健康、体质较好、运动量较大的练习者最适宜的水温是在27～30℃之间，以便于散热。水温低于27℃（约80 ℉）时，必须增加热身练习的时间，才能转入动作幅度较大、负荷较高的有氧练习。

不同的水温适合不同类型的活动。如果水比较温暖（30℃以上），可以进行水中伸展练习，发展柔韧性，或者进行特定的水中康复练习。水温适中时（27～30℃），可根据自己的体质和体能水平进行各种形式、各种强度的水中健身练习。

目前我国室内游泳池的水温一般在26～28℃，基本可以满足水中健身练习的需要。室外游泳池的温度随天气变化而变化，但当水温低于22℃，除非采取一定的保护措施，如穿保暖泳装或保暖背心，否则不宜进行水中健身练习。水温高于30℃时不宜进行强度较高的有氧练习，否则容易使体温过高，发生危险。

（三）水　深

根据练习者的身材和练习目的的不同，适宜的水深也各不相同。在选择水深时要考虑几个因素：是否要重点强化上肢肌肉力量（如果上肢没入水中，上肢肌肉可得到强化练习）；对动作的控制程度要求如何；能否在水中保持良好的平衡；能否保障安全，避免伤害事故等等。

水中健身包括许多水中行走、跑步、跳跃、旋转的动作，这类练习是在浅水池进行的，水面高度可在中腹部和腋窝之间。这样的水深范围可使练习者充分锻炼上肢肌肉，有效控制动作，保持平衡。而且在浮力作用下练习者的肌肉、关节、韧带、肌腱还可得到有效的保护和支撑，避免伤害事故。如果水太浅，上肢动作就难以利用水的阻力，练习效果就会受到影响。

深水游泳池也可以进行水中健身锻炼，但需要练习者借助浮漂等浮具，可做一些深水太空跑步、旋转或其他活动。但如果在深水练习，一定要注意安全，练习者应该会游泳，并能在水中掌握身体平衡，以免发生溺水事故。

（四）游泳池

人工游泳池一般可分为三类，即长池、短池和不规则池。这些泳池都适宜开展水中健身活动，应注意在制定练习计划时因地制宜，根据游泳池的形状编排队形和练习手段。

游泳池的池边应有足够的空地供教员或领操员示范、讲解和组织练习。由于练习过程中经常有位置和队形的变化，为防止发生碰撞和伤害事故，建议每个练习者拥有不少于6平方米的水域面积。如在20×25米的水域中，可以同时有60～70人进行练习。

（五）附属设施

游泳池的附属设施既包括池中的台阶、扶梯、扶手、水槽、泳道线、出发台、拐角等，也包括泳池附属的健身房、更衣室、淋浴室、桑拿房、卫生间、休息室等等。练习时应充分利用现有的附属设施提高练习效果。如下水前可在健身房进行陆上热身，水中向前踢腿练习可利用池壁或台阶，如坐在台阶或背靠池壁增加身体的稳定性；进行牵拉练习时可抓握扶手、扶梯、水槽、出发台握手器。

（六）日　光

如果长期在室外游泳池练习，由于阳光和水面反射的紫外线的双重照射，被晒伤或发生皮肤病变的危险更高。因此，在日光下教员和练习者有必要采取一些保护措施，如戴宽边草帽，搽防晒护肤品等。而且尽量避免在中午阳光直射时暴露在日光下。

为避免强光对眼睛的伤害，教员和练习者还应佩戴防紫外线的护目镜或游泳镜。

（七）照明条件

为保证教学和练习的质量，游泳池应有充足的照明条件。而且自然光或灯光的照射不应影响教员和练习者的视线。室内游泳池采光系数不低于1/4，水面照度不低于80勒克司。

（八）卫生条件

为保障教员和练习者的健康，应选择符合国家规定标准的游泳池开展水中健身练习。游泳场馆内池水、空气和公共场所的卫生要求可参考中华人们共和国国家标准。

四、水中健身活动所需要的装备

水中健身所需要的基本装备非常简单。为了增加练习的趣味性和多样性，并起到保护、防止伤害事故、提高练习的科学性等作用，可根据练习目的和内容采用一些辅助装备。

（一）基本装备

水中健身的基本装备只需泳装、游泳帽、毛巾等。

1. 泳装

参加水中健身活动对泳装没有很高的要求，只要合体，不妨碍身体各部分的活动范围即可。目前市场上的游泳装面料一般为莱卡与尼龙混纺，既有弹性，又比较耐用。

2. 游泳帽

一般的游泳池都要求入池者必须佩戴游泳帽，以保持池水的清洁卫生，避免脱落的头发对游泳池的清理造成困难。练习者佩戴游泳帽还能够保护头发，避免游泳池中的氯对头发的腐蚀，并避免长发进入眼睛、鼻子和耳朵，影响活动。

3. 毛　巾

毛巾也是必备物品之一。如果经常进行水中健身或游泳活动，可准备一块专门的吸水巾。

（二）补充装备

有了上述基本装备，就可以开始水中健身练习了。为提高练习效果和多样性，还可以根据目的和需求选择下面的补充装备。

1. 水中健身鞋

游泳池的池底一般铺的是瓷砖，如果长时间进行水中健身活动，为了保护腿部和脚部的肌肉、韧带和皮肤，避免滑倒，最好穿一双水中健身鞋。水中健身鞋一般由轻便的氯丁橡胶制成，鞋底柔软而有弹性，面料结实，容易凉干。

有的水中健身鞋的鞋面和后部还有专门的小环，可以与水中抗阻橡皮带连接进行抗阻跑步、游泳、踢腿等练习。

2. 阻力手套

在进行上肢力量练习时，为增大对水面积，增加阻力，可以戴水中健身的阻力手套。阻力手套一般由氯丁橡胶制成，持久耐用，形状像鸭子的蹼，可有效增大阻力。

3. 划水掌

划水掌原本用于游泳运动员进行专项力量训练，在进行水中健身活动时也可用来增大阻力，提高肌肉力量。

4. 脚　蹼

脚蹼可以延长腿和脚的长度，在游泳练习中可以提高打水速度。水中健身活动中也可以利用脚蹼提高踝关节的灵活性和腿部力量。

5. 打水板

打水板在游泳练习中用于专门的腿部技术练习。在水中健身活动中也可以进行打水，或者利用打水板的板面创编板操，增大对水阻力。

6. 助浮腰带

一般由硬泡沫塑料制成，在深水池中系上助浮腰带，可以体会双脚悬空，太空漫步的感觉。

7. 水中健身棒

水中健身棒是由软泡沫塑料制成的，柔软，可变换形状成条形、环形或半圆形。练习者既可以用健身棒做各种舞蹈或体操动作，也可用于在水中助浮。

8. 水中哑铃（杠铃）

由泡沫塑料制成，用于进行水中力量和平衡练习。

9. 水中抗阻橡皮带

水中康复练习或水中专项技术练习常常使用高弹力的抗阻橡皮带。在练习时，可将橡皮带的一端固定在出发台或扶梯上，另一端连接在一些专门的水中练习器械如助浮背心或助浮裤、水中阻力手套、水中健身鞋、水中练习护腕等之上，增大练习的阻力，发展力量。

10. 麦克风和扩音器

为教员和领操员准备好耳麦。因为教员要随时示范和纠正动作，应选择能够相对固定，不会因身体动作而影响扩音质量的耳麦。

第二节　热身和放松

热身活动的作用主要表现在提高中枢神经系统的兴奋性，使大脑反应速度加快，参加活动的运动中枢间相互协调，为正式练习时生理功能迅速达到适宜程度做好准备。同时克服内脏器官生理惰性。此外可以使代谢水平提高、体温升高。体温升高可以降低肌肉的黏滞性，使肌肉收缩舒张速度加快，肌力提高，氧供应增强，神经兴奋性提高。并且使血管扩张，血液供应加强。还可以起到使肌肉和韧带伸展度增大，避免损伤的作用。热身活动还能够增加皮肤的血流量，有利于身体散热，防止体温过高造成脱水。

适合进行游泳训练的水温在刚刚下水时常常觉得很凉，令人感到很不舒服。因此，有必要在下水之前进行适当的热身活动。

一、热　身

热身可以分为陆上热身和水中热身两个部分，常用方法有陆上热身操、牵拉伸展和水中热身活动。

（一）陆上热身操

陆上热身操可以使身体各个部位的肌肉得到适当伸展和拉长，使体温略微升高，肌肉和关节更加灵活，并避免损伤。陆上热身操的活动顺序最好从头部逐渐向肩、躯干、上肢和下肢过渡，每节可以做 4 ×8 拍，持续时间在 10 分钟左右。（图 2－1）

图2-1　简单而常用的陆上热身操

（二）牵拉伸展活动

牵拉伸展的目的是增大动作幅度。在陆上热身操之后，可以安排一些牵拉伸展练习。

牵拉伸展练习可以在陆上进行，也可以在水中进行。柔韧牵拉练习的方式有很多种，最常用的有下面5种。

1. 动力牵拉。用很快的速度和较大的力量使关节活动最大的幅度，例如肩部绕环等。（图2-2）

2. 静力牵拉。与绕环正好相反，轻柔缓慢地将关节移到最大活动范围内，然后静止5到60秒。（图2-3）

3. 被动牵拉。是静力牵拉的一种，由别人施加一个压力，使活动幅度增大。

4. 慢速动力牵拉。用较慢的速度进行动力牵拉，可与静力牵拉结合进行，当关节移到最大幅度时静止5秒或更长时间。

5. 收缩-放松法。是根据神经肌肉的本体感受器特征发展起来的。其依据是当肌肉先收缩时，可以更充分地放松，使活动幅度增大。

动力牵拉比较危险，因为我们很难控制正在快速运动的肢体，因此最容易造成过度拉长。被动牵拉也有一定的危险，同伴很可能因为用力过度将被牵拉者的肌肉和肌腱拉伤。但如果使用得当，被动牵拉的效果很好。

图2－2　动力牵拉（交叉绕环）

为避免伤害，在牵拉时应注意动作应缓慢轻柔，慢起慢停。如果做被动牵拉，被牵拉者应放松，并将自己的感觉告诉同伴，施加压力的同伴动作要缓慢，逐渐加力，并根据被牵拉者的反馈调整用力程度。

图2－3　静力牵拉

（三）水中热身活动

陆上热身后，身体体温升高、新陈代谢加强。在身体温度还没有降下来之前，应该下水进行练习。刚到水中时，应该先做一些适应性的活动，使身体适应水温后再进行练习。

水中热身活动可以采用一些强度比较低、动作较为舒展缓慢的练习手段。例如，慢游200米，或者慢走100米，或者在池边扶边做一些摆臂、摆腿的练习等，也可以在原地做一些走、跑、跳跃等低强度的练习。

二、放　松

每次水中练习的最后，要安排一定的放松活动。放松的目的是使身体各器官、组织的主要机能慢慢地恢复到接近安静时的水平，避免心脏过分劳累，缓解练习后肌肉的痉挛和酸痛。

放松活动主要采用一些低强度的练习，例如慢游、慢走等手段，或者选择与主要练习内容差别较大的练习，使神经肌肉系统的活动得到转换。最后还要对主要的肌肉群进行牵拉伸展。

第三节　自救和互救

水中救护工作是保证在水周边从事有关活动者安全的一项重要措施。游泳是体育运动中受伤率较低的安全的项目之一，其最可怕的意外是溺水。救护工作应该贯彻“以防为主，以救为辅，加强安全意识，重视安全教育”的原则，防止游泳事故的发生，保障游泳者的生命安全。

水中健身一般是在1.3～1.6米的水中进行，水深适中，安全性较高。但即便如此，也不能忽视安全因素。在水中进行健身活动时，应切实加强救护工作，提高教员的安全意识及救护技术，提高锻炼者的自我救护技术。

为了更好地开展水中救护工作，首先要让参加水中健身的锻炼者与教练员了解容易产生溺水事故的原因，做到积极防护。其次，要让锻炼者及相关人员掌握基本救护技术及方法。水中救护方法包括自我救护和他人救护。

一、自我救护技术

自我救护是指溺水者在没有他人救助的情况下，通过自身努力而获救的救生技术。水中健身者遇到突发情况时，首先要做到沉着、冷静，不慌忙。然后再按照一定的步骤进行自我救护。实在不行，发出救护信号，以得到同伴或救生员的注意，取得他们的帮助。

（一）肌肉痉挛时的自救方法

水中活动时，最常见的肌肉痉挛多发生在大腿、小腿、足底和小指。其发生的主要原因主要是水温较低，机体受到冷刺激，或是水中锻炼前准备活动不充分，身体疲劳等因素影响。由于肌肉痉挛时肌肉剧烈疼痛，控制肌肉能力下降，加上随之引起的惊慌失措，很容易发生溺水事故。

不管哪个部位肌肉痉挛，要清楚原因是肌肉强直收缩，因此要接触痉挛的肌肉，只要使痉挛的肌肉伸展即可。

1. 解除小腿后部肌肉痉挛的方法

如果离池边不远可先上岸，坐在池边，痉挛的腿伸直，用一手抓住脚趾向身体方向拉，一手向下压膝关节，使腿后部肌肉伸展，即可缓解。痉挛解除后，先不要着急马上下水，再牵拉按摩一会，待不适感消失后再下水。

如果离池边较远或在深水区时，不要惊慌，身体漂浮，用肌肉痉挛腿对侧的手抓住脚趾向身体方向牵拉，用另一手向下压膝关节，使腿后部伸展，待缓解后上岸继续牵拉按摩并休息，如图 2 – 4。

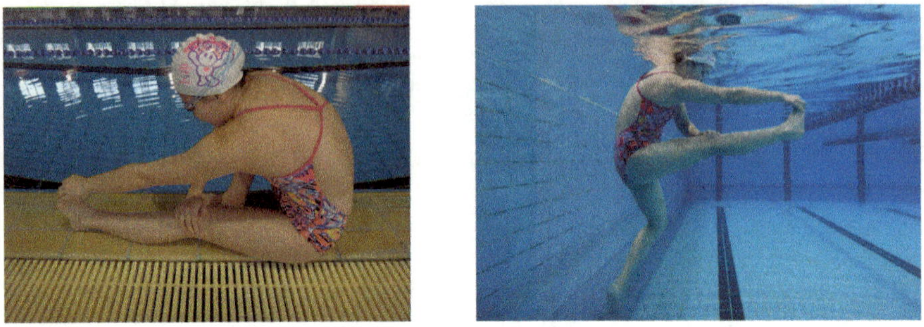

图 2－4　解除小腿后部肌肉抽筋的方法

2. 解除大腿前部肌肉痉挛的方法

在浅水区时，可以上岸或站立在池边，屈小腿，用手抓住痉挛腿的脚趾，向身体方向牵拉，使大腿前部肌肉伸展；如果在深水区或离池边较远处，仰卧放松漂浮在水面，然后用手抓住痉挛腿的脚趾进行牵拉，待缓解后上岸继续按摩牵拉并休息。（图 2－5）

图 2－5　解除大腿前部肌肉抽筋的方法

3. 解除手指或足底痉挛的方法

手指痉挛时可用力握拳，再用力伸直，反复多次即可解除。足底痉挛时可采用按摩的方法解除。（图 2－6）

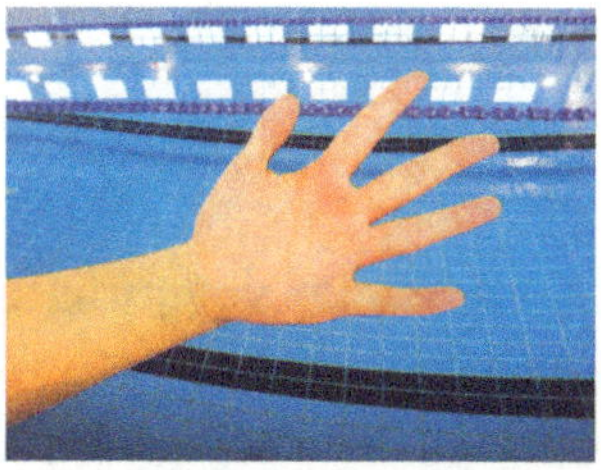 

图 2－6　解除手指痉挛的方法

（二）其他自救方法

图 2－7　水母漂

当练习者在深水区发生呛水、呼吸困难、体力衰竭等危险情况时，应尽量保持镇定，通过自身的浮力或其他漂浮物自救，切忌紧张用力，消耗更多体力。

1. 水母漂

俗称抱膝浮体，吸气后憋住，两手抱膝，身体团成一团，脸朝池底，放松地漂浮在水面上，恢复体力。（图 2－7）

2. 俯卧舒展漂浮

憋气，身体俯卧在水中，四肢自然放松舒展，放松地漂浮在水面上。（图 2－8）

图 2－8　俯卧舒展漂浮

3. 仰卧舒展漂浮

浮力较好的练习者可以采用这种方式自救，同时自由呼吸，放松仰卧漂浮在水面上，恢复体力。（图 2－9）

图 2－9　仰卧舒展漂浮

4. 借助漂浮物求生

在深水区进行水中健身练习时，可以借助健身器材、水道线或是救生圈等漂浮物进行自救。（图 2－10）

图 2－10　借助漂浮物漂浮

二、相互救护技术

在进行水中健身活动时，当发现锻炼者有溺水现象时，教练员或救生员、同伴可利用救生杆、救生圈、打水板等辅助器材进行间接赴救；若是溺水者在离池边较远处，且不能采用救生器材的情况下，则可采用直接赴救的方式进行。

（一）利用辅助器材间接赴救

当发现有学员或是同伴在呼救挣扎时，首先要冷静思考并进行准确判断，在确保自身安全的情况下，通过利用泳池周围的辅助器材，如打水板、健身棒、救

生圈、救生杆等进行施救。(图 2－11)

图 2－11　利用救生辅助器材间接赴救

(二) 直接赴救

直接入水进行施救具有一定的危险性，因此，施救者要沉着冷静，通过准确判断后入水赴救，并确保自身安全。

1. 入　水

为了能尽快接近溺水者，因此要迅速选择好最近的入水点便于施救。

2. 接近溺水者

入水后迅速游向溺水者，一般采用速度较快的抬头爬泳，以便观察溺水者。当游到溺水者 2～3 米处，深吸口气采用潜水技术游到溺水者身旁。如溺水者面向自己时，两手扶住他的髋部，将他转为背向自己，然后进行拖带；如溺水者背向自己，可直接游进溺水者，一手托腋下，使其鼻口露出水平，一手夹胸做好拖带准备。

3. 拖　带

拖带是指救生员在水中采用侧泳、反蛙泳等不同的游泳技术，将溺水者拖带到池边的技术。拖带时为防止溺水者因不明被救而强行挣扎，一般采用夹胸拖带法和双手托腋拖带法（图 2－12）。注意游近溺水者后，把其拖至池边的过程中，要使其嘴巴、鼻子露出水面，使之能正常呼吸。夹胸臂不可贴近溺水者的喉部。

图 2-12　夹胸拖带法和双手托腋拖带法

4. 上岸救护

溺水者被救上岸后，快速准确观察其有无意识。如已昏迷，应立即进行现场急救，并打 120 电话。

第四节　不同人群水中活动的注意事项

一、中老年水中健身的注意事项

中老年人进行水中健身运动，不仅可以充分享受水中健身运动带来的欢乐，还能增强体质，提高健康水平。中老年人进行水中健身时，应注意以下几个方面。

（一）重视准备活动

运动前要认真做好准备活动，特别是四肢关节活动要充分，牵拉过程中一定要注意循序渐进，不要用力过猛。运动前的准备活动有助于降低运动过程中肌肉抽筋和运动损伤的风险。

（二）适宜的训练强度

中老年人进行水中活动时，务必要做到量力而行，不能逞强；练习的动作幅度不宜过大，练习强度要适中，多以有氧练习为主，时间以30分钟到1小时为宜。

（三）注意保暖

水中活动结束上岸时，要及时擦干身体，不要在风口处停留，以免感冒。

二、少年儿童水中健身的注意事项

少年儿童进行水中健身活动可以帮助熟悉水性，学习一些游泳基本技术，如水中呼吸、漂浮、打腿等，更能增加学生对水中活动的兴趣。青少年在进行水中活动时，应注意以下几个方面。

（一）注意水中安全教育

水中活动必须在教员或者家长的陪同下进行，加强对青少年儿童水中安全教育，安全第一，避免意外事故发生。

（二）选择多种多样的水中活动形式，培养兴趣爱好

针对不同年龄阶段的孩子，选择多种多样的水中活动方式，如：水中游戏、水中健身操等，提高孩子对水中活动的兴趣，消除怕水心理，为今后学习游泳技能打下良好基础。

（三）安排合理的健身强度

在进行水中健身活动时，不仅要选择合适的锻炼内容，还要注意循序渐进地增加健身负荷强度和锻炼时间，切忌违背少年儿童生长发育的规律，用成人健身锻炼原则对待儿童。

三、肥胖人群水中健身的注意事项

（一）切忌暴饮暴食或不饮不食地参加水中活动

进行水中活动前后，切忌暴饮暴食或不饮不食，这不仅会影响人们进行水中活动的效果，还对其身体健康造成严重影响。

（二）选择多种多样的锻炼方法与手段

选择多种多样的锻炼方法与手段，提高练习的趣味性，引导锻炼者坚持参加水中健身活动，改善身体状况，也可采用一些有节奏的韵律操作为锻炼形式，以提高锻炼的积极性。

（三）运动过程循序渐进

肥胖人群在进行水中活动时，要重视准备活动，练习过程要注意循序渐进，不能急于求成，逐步提高练习强度，帮助他们达到健身锻炼的效果。

四、孕妇水中健身的注意事项

孕妇在水中进行适当的腰腹部、腿部肌肉力量练习，有利于正常的分娩。进行水中健身时，适当安排孕妇们交流的时间，让她们在精神和心理上得到安定感。在进行水中健身时，应注意以下方面问题：

（一）参与水中活动前进行身体检查

孕妇参加水中健身前，应和医生商量，获得许可后进行锻炼。

（二）选择适宜水温场所进行活动

孕妇水中活动的水温控制在30℃左右，以免水温过冷刺激肌肉，引起子宫收缩。

（三）避免大幅度剧烈运动

孕妇在进行水中健身活动时，应避免跳跃和震荡性的练习。运动负荷控制在低强度范围，每次锻炼总时间控制在 30 分钟左右。

（四）疲劳时禁止水中健身活动

疲劳时不要运动，尤其是孕早期和孕后期阶段。

五、残疾人士水中健身的注意事项

残疾人水中健身活动是运用在水中进行体育锻炼的原理和手段，促进形态功能、身体机能和技能功能、心理功能的恢复。利用水中健身活动的平台，提供相互间交流沟通的机会。在进行水中健身活动时，应注意以下几个方面。

（一）专业人员陪同

人在水中会受到重力和浮力的影响，残疾人相对于正常人较难获得身体平衡，很容易发生意外，所以，指导的重点应放在水中控制身体平衡的能力。

对于各种身体残疾人来说，不仅缺乏运动的实践，更缺少在水中的体验。因此，参加水中健身时，一定要有教练员陪同。

（二）制定个性化训练方案

根据锻炼者是身体残疾、感官残疾、精神残疾还是复合性残疾（一人同时有两种以上残疾者）的具体情况，严格选择水中健身活动的方法与手段、控制运动量，从而提高健身效果。

（三）培养兴趣

充分调动锻炼者的主观能动性，必须以自我锻炼为主，以利于提高身体对各种功能的调节和控制能力。

六、部分常见病患者水中健身的注意事项

心脏病、高血压病患者在得到医生的许可，有专业指导人员的带领下，可以适当的参加一些水中健身活动，使身体得到积极的锻炼，从而增强体质；由于水面上空气较湿润，加上水压的因素，在运动时，呼气和吸气都要比陆地上付出更大的力量，哮喘患者可以通过选择适宜的水中练习内容与强度，提高呼吸系统机能。部分常见病患在进行水中健身时，应注意以下几个方面。

（一）确保身体状况良好，适合水中锻炼

在病发期或急性期禁止参加水中健身活动。练习过程中，若发生感觉胸痛、呼吸困难等身体不适症状，要立即停止水中锻炼。

（二）选择适宜水温

水温过低，容易诱发哮喘；对心血管疾病患者而言，容易引起血管收缩，血压升高，发生心肌局部缺血现象。下水运动时要慢，有一个适应水温的过程。

（三）循序渐进，合理制定强度和时间

水中健身时，尽量避免速度性的锻炼项目。锻炼过程中循序渐进地增加运动负荷，要有意识地控制呼吸频率、加大呼吸深度。锻炼时间不宜过长，避免太过疲劳。

思考题

1. 水中健身教员需要具备哪些素质？

2. 水中健身前怎样做好热身活动？

3. 现场急救有哪几个步骤？

4. 组织与指导不同人群水中健身时，应考虑哪些方面？高血压病和心脏病患者在进行锻炼时，应该注意些什么？

推荐读物

1. 朱迪，温宇红．水中健身[M]．北京：人民体育出版社，2007

参考文献

[1] 朱迪，温宇红．水中健身[M]．北京：人民体育出版社，2007.
[2] 肖红．水中有氧健身运动[J]．南京体育学院学报，2004，8(3).
[3] 卢锋．休闲体育学[M]．北京：人民体育出版社，2005.
[4] 野村武男．水中健身运动[M]．北京：人民体育出版社，2002.
[5] 全国体育学院教材委员会．体育测量评价[M]．北京：人民体育出版社，2000.

第三章　水中健身操的创编

本章教学提示

1. 本章介绍水中健身操的分类标准及具体分类，并介绍水中健身操的基本动作。

2. 对水中健身操的创编原则和创编方法进行介绍。

3. 通过案例对音乐选择及具体创编步骤进行较为详细的介绍。

关键术语

水中健身操、分类、基本动作、规定动作、创编原则、音乐选择、音乐制作、动作选择、队形变化

第一节　水中健身操分类及基本动作

水中健身操是水中健身活动的主要锻炼形式之一，目前在国内外很受欢迎。由于健身操的运动形式活泼多变，组织容易，对场地设施条件要求简单，锻炼效果显著，将音乐、舞蹈、形体塑身、强身健体等流行元素融合在一起，满足了不同层次人群的诉求，因此很容易组织并流行。中国游泳协会每年组织举办全国水中健身操比赛，吸引了不少高校、中学、小学、俱乐部参加。

一、水中健身操分类

根据练习者年龄不同，可分为少儿水中健身操、青年水中健身操和中老年水中健身操。

根据练习目和形式的不同，可分为水中形体操、水中瑜伽健身术、水中搏击健身操、水中拉丁健身操、水中太极健身操、水中减肥健身操、水中康复健身操等。

根据是否使用器械，又可分为水中徒手健身操、水中踏板健身操、水中健身棒操、水中哑铃健身操等。

根据练习环境，可以分为深水操和浅水操等。

中国游泳协会每年举办全国水中健身操比赛，比赛项目分为徒手集体规定动作操；双人操（包括棒操、打水板操、划手掌操或阻力手套、浮力哑铃操和浮力腰带操）；以及集体操（包括棒操、打水板操、划手掌操或阻力手套、浮力哑铃操和浮力腰带操）。

二、水中健身操基本动作

用于竞赛或表演的水中健身操通常是由基本动作和连接动作，加上少量的集体造型，通过音乐组合起来的。如果是健身俱乐部或会所组织的水中健身操活动，主要由基本动作和连接动作（踏步、慢跑等）通过音乐组合起来。

（一）徒手规定动作

这一部分主要包括中国游泳协会颁布的水中健身操竞赛规则中的规定动作，同时也是健身效果较好，健身活动中较常采用的动作。

1. 长城万里

【动作要领】（图 3－1）

（1）下肢向体侧迈出侧面移动，下肢呈半蹲姿势。

（2）上肢手臂做侧平举打开，掌心相对在胸前直臂交叉。

（3）一边 1 次或 2 次以上后，进行反方向重复完成。

【要　　求】

（1）水中移动时，手腿配合同时运动，手心相对，体会水的阻力。

（2）移动时注意保持身体的平衡。

图 3－1　规定动作之长城万里

2. 大开大合

【动作要领】（图3－2）

（1）双腿在水中进行开合跳跃动作（落地时还可以变换反向）。

（2）双臂在水中做侧平举打开和掌心相对手腕交叉动作。

【要　　求】

（1）分腿屈膝蹲时，两脚自然向外打开。

（2）膝关节沿脚尖方向屈，膝关节夹角不小于90度。

图3－2　规定动作之大开大合

3. 翩翩飞燕

【动作要领】（图3－3）

（1）两腿弯曲与肩同宽，双手手腕在体前交叉。

（2）双腿屈膝弯曲向上踢腿，双臂同时打开至体侧，划水帮助维持身体平衡。

（3）完成踢腿后，屈膝两腿缓缓回落到原地，双手直臂向内回到起始动作。

【要　　求】

（1）双腿分开向上踢腿时，屈膝抬大腿，小腿向上踢尽量使足部贴近水面。

（2）两脚左右分开时必须尽力伸直。双臂充分地伸展开。

图 3－3　规定动作之翩翩飞燕

4. 团团圆圆

【动作要领】（图 3－4）

（1）双臂平举于至水平面屈膝，身体成直立状态。

（2）屈膝并向胸部靠拢，双手抱膝于胸前。

（3）双臂打开平举于水平面，双膝落地回到原点。

【要　　求】

（1）保持身体重心，腹部收紧。

（2）跳跃时上体保持直立状态，下肢团身要紧，腰部尽量转动到位。

（3）在跳跃的过程中，双臂划水保持平衡。

（4）左右扭转的过程中腹部收紧保持身体重心平衡。

图 3－4　规定动作之团团圆圆

5. 踏雪寻梅

【动作要领】（图 3－5）

（1）双腿直膝，前后交替在池底滑动走步。

（2）掌心向上，双臂直臂前后交替划水。

图 3－5　规定动作之踏雪寻梅

【要　　求】

（1）膝盖伸直，尽可能地贴池底向前后方迈大步滑出去。

（2）掌心向上，手掌时刻保持对水面，体会划水时水的阻力。

6. 马踏飞燕

【动作要领】（图3－6）

（1）掌心向上对水双臂直上抬，身体前倾，前腿做弓箭步，另一腿向后上抬。

（2）掌心向后双臂至体前向后划水，同时后腿屈膝，顶胯膝盖靠近胸部。

（3）掌心向上双臂至体后向前划水，双臂前伸，前脚落地，后脚上抬。

【要　　求】

（1）吸腿时膝盖尽量触胸，后摆的动作要充分，保持大腿伸直。

（2）尽量大幅度地完成动作，手臂协调配合保持身体的平衡和稳定。

（3）手掌对水，前后摇摆时注意顶胯，体会水的阻力。

图3－6　规定动作之马踏飞燕

7. 风中杨柳

【动作要领】（图3－7）

（1）两腿分开与肩同宽，成半蹲姿势，双臂始终保持于水平面。

（2）掌心向前，至下向前弧形推水，屈髋臀部后翘。

（3）掌心向后，至体向前后弧形推水，伸髋身体向前挺出，交替进行。

【要　　求】

（1）髋部及两臂在动作中进行最大限度的伸展运动。

（2）双臂在体侧做从前至后的划手动作。

（3）在进行动作练习时，注意身体位置始终保持直立状态。

图3－7　规定动作之风中扬柳

8. 排山倒海

【动作要领】（图3－8）

（1）两腿与肩同宽成半蹲位，掌心向外对水，双手自身体左侧拨水至右侧。

（2）手臂可稍弯曲，利用躯干力量。

（3）最大限度寻找最佳阻力感，头部及视线随双臂看齐。

【要　　求】

（1）双手微微弯曲，利用躯干力量在胸前做从左至右的拨水动作。

（2）注意肩部始终在水平面，利用腰部的力量体会水的阻力。

9. 中流砥柱

【动作要领】（图3－9）

（1）站立于齐腰深浅水中，双脚开立略比肩宽，双手放于体侧。

（2）双臂由身体后侧交叉后向上掬水，掌心向上。

（3）双手掬水的同时，双腿屈向下蹲，手臂上抬后双腿伸直。

图3－8　规定动作之排山倒海

图3－9　规定动作之中流砥柱

【要　　求】

（1）两手臂由身体后侧交叉抬起。

（2）手腿协调配合。

10. 大浪淘沙

【动作要领】（图3－10）

（1）原地弓步跳跃，单手在胸前做下掏水动作，另一只手叉腰，交替进行。

（2）原地开合跳，单手体侧做上掏水动作，另一只手叉腰，交替进行。

（3）原地弓步跳跃，双手同时向胸前做两次下掏水动作。

图3－10　规定动作之大浪淘沙

（4）原地开合跳，双手同时在体侧做上掏水动作。

（5）原地开合跳，双手同时在体侧做下掏水动作。

【要　求】

（1）上下肢动作节奏要统一，注意弓步和合跳交替进行。

（2）注意每个动作的衔接，在双臂在水下掏水，体会水中的阻力。

11. 四通八达

【动作要领】（图3－11）

（1）团身，膝盖尽可能地贴近胸口，双手握拳在体侧夹紧。

（2）掌心向外双手同时推水成侧平举，同时单脚勾脚向前蹬水，另一侧脚自然落地，交替进行一次。

（3）团身，膝盖尽可能的贴近胸口，双手握拳在体侧夹紧。

图3－11　规定动作之四通八达

（4）掌心向前双手同时推水呈前平举，同时单脚勾脚向后蹬水，另一侧脚自然落地。交替进行一次。

【要　　求】

（1）两手臂直臂推水，用于维持单脚站立蹬水动作，体会水的阻力。

（2）向后或向前蹬水时尽可能与支撑脚呈 90 度，如感到疼痛或不适终止动作。

12. 扭转乾坤

【动作方法】（图 3－12）

（1）双脚并拢站立于浅水中，双手置于腰间为准备姿势。

（2）一侧腿屈膝向斜上方跳跃，屈膝脚尖在膝盖位置。

（3）双手臂在屈膝腿时向内拨水，踢腿时外展拨水。

（4）一侧腿做完后交换另一侧腿，动作相同，方向相反。

图 3－12　规定动作之扭转乾坤

【要　求】

（1）向斜上方屈膝踢腿，脚尖绷直。

（2）拨水时要求前臂夹紧，紧贴躯干，小臂在水中拨水。

（二）其他常用动作

除上面列出的竞赛规定动作以外，一些基本的走、跑、跳、旋转、踢腿、划水、压水等动作以及手臂、腿和身体的组合动作都可以用于水中健身操，或者用于健身操中的连接动作。这里我们举一些常见的例子，除此之外，教练员应发挥想象力和创造力创编出更多更丰富的动作。

1. 原地推水高抬腿

【动作方法】（图 3－13）

（1）双腿尽可能贴近水面，完成高抬腿动作，体会在水中的平衡感。

（2）双手同时（交替）向前推水，双脚与肩平行做高抬腿动作。

（3）熟练后可以逐渐加快速度，同时还可以改变运动的方向。

图 3－13　原地推水高抬腿

2. 原地快速团身跑

【动作方法】（图 3－14）

（1）身体前倾，膝关节尽可能上抬至接近胸部。

（2）双肩保持在水平面位置，双臂摆动做快速跑步动作。

（3）跑步姿势应幅度大、速度快，同时注意双手快速摆臂。

图3－14　原地快速团身跑

3. 下蹲跳

【动作方法】（图3－15）

（1）双脚与肩平行做下蹲或者下蹲跳动作。

（2）下蹲后双肩低于水平面，双手同时向前推水。

（3）熟练后可以改变方向，向前或向后跳跃。

（4）完成下蹲推水动作时尽可能保持腰背部挺直。

图3－15　下蹲跳

4. 前推水抬腿

【动作方法】（图3－16）

（1）支撑腿下蹲，单脚直腿上抬至水平面，体会水的阻力。

（2）双手在胸前抬腿同时向前推水，单脚直腿上抬，左右交替。

（3）始终保持上身直立状态且肩低于水平面，熟练后可以逐渐加快抬腿的速度。

图3－16　前推水抬腿

5. 侧推水抬腿

【动作方法】（图3－17）

（1）支撑脚下蹲，单脚直腿侧抬至水平面，体会水的阻力。

（2）双手在体侧同时推水保持平衡，单脚直腿侧抬，左右交替。

（3）始终保持上身直立状态且肩低于水平面，熟练后可以逐渐提高抬腿幅度。

图3－17　侧推水抬腿

（三）常用器械动作

水中健身操的常用器材为打水板、划水掌、浮力棒、阻力手套等。使用器械可以增加动作的阻力和浮力，提高练习效果，同时能使成套动作更有力度和冲击力。集体练习和竞赛时还可以利用器械编排出组合造型或配合动作，增加动作的观赏性。这里举一些基本的、常用的，健身效果也比较好的器械动作。

1. 下蹲推棒跳

【动作方法】（图 3－18）

（1）双手在胸前持浮力棒。

（2）双脚与肩平行，下蹲后双肩低于水平面，双手持棒向前推水，同时两脚向上跳跃。

（3）熟练后可以改变方向，向前或向后跳跃，或边跳跃边转体。

图 3－18　下蹲推棒跳

2. 下蹲压棒跳

【动作方法】（图 3－19）

（1）双臂贴紧体侧，双腿下蹲同时双手推棒下压。

（2）下蹲后双肩低于水平面，双脚与肩平行做下蹲跳动作。

（3）熟练后可以改变方向，加快速度。

图3－19　下蹲压棒跳

3. 压棒侧抬腿

【动作方法】（图3－20）

（1）双手比肩略窄扶在浮力棒上，浮力棒与水平面同高。

（2）支撑腿下蹲，双手持棒下压，另一腿直腿侧抬至水平面，体会水的阻力，左右腿交替。

（3）保持上身直立，熟练后可以加快速度，增加跳跃动作并改变方向。

图3－20　压棒侧抬腿

4. 仰卧蹬车

【动作方法】（图3－21）

（1）身体仰卧，浮力棒靠在身后，身体依靠健身棒，保持身体呈半卧姿势。

（2）两腿收腿、蹬出做蹬自行车动作。

（3）熟练后可以加快速度，脚心对准水。

图 3－21　靠棒仰卧蹬车

5. 压棒分腿

【动作方法】（图 3－22）

（1）站在水中，两手扶浮力棒，半蹲。

（2）双手持棒下压，同时双腿分开上抬。

（3）熟练后可以适当的增加跳跃动作，加快速度、增大抬腿的幅度。

图 3－22　压棒分腿

6. 下蹲推（压）板跳

【动作方法】（图 3－23）

（1）双手持浮板在水中做前后或上下推水运动。

（2）推水同时下蹲，下蹲后双肩低于水平面，板向身体回收时向上跳跃。

（3）熟练后可以改变方面，向前或向后跳跃。

图 3－23　下蹲推（压）板跳

7. 后压板

【动作方法】（图 3－24）

（1）双手身后持板，身体在水中成直立状态。

（2）下蹲后双肩低于水平面，尽可能保持双臂贴紧身体做后压板动作。

（3）熟练后可以改变方面，向前或向后跳跃。

图 3 - 24　后压板

8. 胸前飞鸟

【动作方法】（图 3 - 25）

（1）双手分别各持一个打水板在水平面，双腿成弓步姿势。

（2）下肢保持不动，双手用力将两板在胸前合拢，克服水的阻力。

（3）腰部收紧，要求手臂伸直击板。

图 3 - 25　胸前飞鸟

9. 前后拨水

【动作方法】（图 3－26）

（1）下肢成弓步姿势，身体呈直立姿势，双肩保持在水平面上。

（2）双手持板对水，做前后交替拨水的动作，身体保持直立状态。

（3）熟练后下肢可配合手臂拨水动作增加弓步跳跃。

图 3－26　前后拨水

10. 压板开合跳

【动作方法】（图 3－27）

（1）尽可能保持身体成直立姿势，双肩保持在水平面上。

（2）双手持板侧平举在水平面上，下肢做开合跳动作，同时双臂完成下压打水板和上抬动作。

（3）熟练后可以改变方面，加快动作频率，但要保证动作质量。

图 3－27　压板开合跳

（四）深水操常用动作

一般水中健身操动作是在浅水中进行，练习者可以站在池底运动。深水操是指在较深的水中，练习者无法站立在水中进行的健身操练习。深水操需要练习者有一定的游泳基础，但可以有效减少冲击，并提高练习强度。开始练习深水操时可以借助浮力腰带或浮力背心，随着动作熟练，为提高强度和难度，可以不使用浮力背心，只用浮力哑铃、浮力棒等器材，既可以给练习者一定的浮力支撑，又可以增加动作阻力。这里介绍几种简单的深水操动作，实际创编中可以在此基础上加以变化。

1. 扶棒走步

【动作方法】（图 3－28）

（1）腋下夹棒或者双手持棒，身体在水中成垂直状态。

（2）水中行走时尽可能保持双腿伸直，迈步时勾脚，并拢时绷脚，体会水中的阻力。

（3）熟练后可以加快速度，或者不使用浮力腰带，体会与陆上行走的区别。

图3－28　扶棒走步

2. 扶棒吸腿

【动作方法】（图3－29）

（1）将浮力棒靠在后背，两端用手臂夹住。

（2）双腿自然伸直并拢，直立状态，双手在胸前扶棒。

（3）两腿并拢，屈膝向上吸腿，膝关节触碰到健身棒，再伸直还原到原位。

图3－29　扶棒吸腿

3. 深水踩棒

【动作方法】（图 3－30）

（1）水中健身棒在胸前成 U 形，双手持健身棒的两端，身体直立。

（2）单脚踩在健身棒中间，上身微微前倾，做向下踩棒的动作，上肢扶棒配合下肢运动；

（3）动作熟练之后，可以由单腿变为双腿加大动作的难度。

图 3－30　深水踩棒

4. 靠棒侧蹬腿

【动作方法】（图 3－31）

（1）上身靠在浮力棒的中间，双手扶两端，身体成直立状态。

（2）两腿并拢，膝关节屈成半团身状态，膝盖尽可能向胸前靠拢。

（3）上身靠在健身棒中间，双手扶两端，下肢做侧蹬腿动作，两侧交替进行。

图 3－31　靠棒侧蹬腿

5. 分腿踩水

【动作方法】（图 3－32）

（1）借助水的浮力直立站于深水中，脚不能接触池底，可以使用浮力腰带。

（2）双手可做划水摆臂帮助保持身体平衡，两腿交替做踩水动作。

（3）可以使用阻力葵花增加踩水的阻力。

6. 掏水高抬腿

【动作方法】（图 3－33）

（1）借助水的浮力直立站于深水中，脚不能接触池底，可以使用浮力腰带。

（2）双腿做高抬腿动作，同时两侧手臂前后交替向前、向后掏水。

（3）可以使用阻力葵花增加踩水的阻力。

图 3－32　分腿踩水

图 3－33　掏水高抬腿

第二节　水中健身操创编原则

水中健身操在创编中应该根据教学对象的特点，既要结合水中健身操的编排原则，又要充分利用水的特定环境，选择适宜的音乐，总体构思创编。创编水中健身操应遵循以下几个原则。

一、安全性原则

水中健身操是以健身为主要目的，又在水中这样一个特殊的环境下练习，“安全”问题是重中之重，所以在编排动作时，尽量遵循人体自然运动规律，负荷强度的控制，应按照由弱到强的顺序逐渐加大负荷量，动作的难度系数应由低到高，避免设计高难度、猛烈屈伸的动作，要求量力而行，确保练习者的安全，尽量避免运动损伤与事故的出现。

二、健身性原则

设计的一切动作都应该围绕提高人体的健康水平、增强人的运动素质。改善形体为目的。水中健身操属有氧运动范畴，有氧运动可以使人体各系统得到很好的锻炼，同时又能有效地消耗体脂，使人的各部位都得到充分锻炼，从而促进提高肌肉力量、关节灵活性，以及通过“水”改变运动方向、位置、节奏、单一动作、复合性动作的变化来影响不同的肌群和培养人体的协调性。因此，恰如其分地运用这些因素才能达到促进健康的目的。

三、利用水特性的原则

水有“压力”“黏滞性”“流动性”“难以压缩性”“导热性”5 个特征。水的深浅压力差会产生一种能把人托起来的力，也就是“浮力”；“黏滞性”是一种分子相互吸引的作用，水的“黏滞性”造成在水中运动时克服的阻力远远大于陆上。“流动性”使人们在水中运动的速度缓慢，因此更安全，不易受到伤害。“难以压缩性”使人们在水中运动时保持身体平衡的难度大于陆上。“导热性”这个特点，使人们在同样的时间和强度下的运动，水中消耗更多的能量。

水中健身操是在“水”中这个特殊环境下进行的，与陆上的有氧健身有明确的区别。在设计动作时应该与水的特点密切结合起来，尽可能让每个动作都能在水下或者是水平面上运动。这样才能达到更好的效果。其中动作的创编一般以上肢运动、躯干运动、下肢运动以及全身运动的形式出现，在这些基本动作的基础上还可以增加方向的转变和距离的变化。

四、针对性原则

针对练习者的年龄、性别、训练水平、场地等实际情况，选择适宜的锻炼内容、强度及各部分锻炼时间。充分体现健身、娱乐和艺术性的功能，考虑面向大众，注重可接受性和运动量的合理性，以求达到最佳的健身效果。

例如：儿童水中健身操，应该选择自然活泼，易于模仿的动作，并且应具有游戏性质，提高儿童兴趣，特别要注意选择一些主要肌群力量有利于形成儿童正确姿势，促进儿童身体正常发育，增进健康，增强体质的动作。

青年水中健身操，应该选择刚健用力、健美大方、富有活力或舒展大方的动作。利用水环境，结合游泳划臂、健美操、拳击等一些陆地动作，选择有明显锻炼价值的动作。

编制老年人水中健身操时，应选择简单容易做、速度慢一些的并且多次重复的动作。为了增强中老年人身体的灵活性需要编排以锻炼下肢为主的组合动作，要多考虑到老年人心肺的承受能力而选用适宜动作组合。如：水中步行、水中浮力柔韧练习比较适合老年人。

五、科学性原则

健康是美的标志，在水中有氧健身操的编排过程中首先需要考虑的是“健康”，要选择使身体各个部位肌肉、关节、韧带和内脏器官得到全面发展的动作。要注意肢体对称的发展，动作幅度、速度、节奏的合理变化，运动量具有科学性。动作的设计应该包括上肢、下肢、躯干及全身的运动，在此基础上还可以改变动作的方向和类型，使身体得到全面的均衡发展。

在创编中要把握以“有效”为目的，不要为了追求“美”而忽略了实效。要根据练习的目的进行动作的设计，以“实效”为核心，结合水的特点从健身、健美、康复等多个角度创编出具有健身效果的成套水中有氧健身操动作。

六、音乐适合性原则

水中健身操是一项结合了游泳、花样游泳、健身操、舞蹈等项目特点的综合性体育锻炼项目。在编排水中健身操动作时，应该选择适合动作的音乐。音乐有助于表达一定的思想、意境和情感，确定成套动作的风格，音乐可以为水中健身操注入生命。可选用旋律优美、流畅、节奏欢快、有活力的音乐作为伴奏。通过音乐激发练习者做动作的激情和表现力，有助于体会动作的韵律感、节奏感增加练习兴趣，缓解疲劳。每段音乐都有着明显主题风格与节奏变化要求，每个动作的完成以及单个动作之间的间隔时间都必须与音乐节奏的变化相一致，注意音乐的节拍不宜过快。

第三节 水中健身操创编步骤和方法

一、水中健身操创编步骤

水中健身创编步骤可以有多种，但主要有两种，见表3－1。

表3－1 不同种类的水中健身操创编步骤

	第一种	第二种
内容	制定目标	制定目标
	音乐的选择与剪辑	构思成套的结构
	素材的选择与确定	素材的选择与确定
种类	建立基本结构	按原则组合动作
	按原则组合动作	按成套顺序完成动作
	按成套顺序完成动作	音乐的选择与剪辑
	评价与修改	评价与修改

二、水中健身操主要创编方法

（一）确定创编目的和任务

明确创编的目的、任务及要求，掌握练习者年龄、性别、身体状况、运动基础状态等多方面的情况；了解锻炼时间、场地、器材设备等条件；学习观看有关水中健身操的文字资料和音像资料，收集素材工作主要靠平时的学习与积累。

（二）设计动作与音乐风格统一

根据编排原则，明确了解用途和实际情况后，可先从分类开始确定所编操的类别：健身、表演、竞赛。健身性创编首先确定锻炼目的、成套操的节数和重复拍数，然后按节奏设计动作。设计动作时既要考虑运动量大小，又要考虑是以锻炼哪些身体部位为目标。

成套动作的特点是在达到水中健身操预设目的的基础上，突出某种特色，而且每个联合动作都要突显锻炼价值，例如：设计腰部联合动作可以躯干弯曲、扭转为核心动作，也可以向前、后、侧、漂浮方向的身体弯曲、波浪、打腿为核心动作进行编排，达到增强腰部灵活性和力量的目的；下肢运动可以以走、跑、小跳为核心动作进行编排，达到增强下肢灵活性和心肺能力的目的。

总之，无论是健身、竞赛还是表演性创编，设计动作首要考虑套路风格，它决定着成套的个性与艺术价值；其次考虑难度的大小、考虑音乐的长度、速度（N拍/10秒），一般采用的办法是先编好动作，再找现代乐曲配合，这样可避免出现动作与音乐旋律不符的状况。因此，对编好的成套动作要进行不断修改，不管是先选乐曲，还是后选乐曲，或是创编，都要求音乐的节奏、旋律和风格与动作协调一致。

（三）练习与调整

按照设计完成的动作进行练习。在练习中检验动作的难易程度是否适宜，动作的连接是否合理，动作的健身效果能否体现，动作与音乐是否和谐一致，并采用观察和测量心率的方法检查成套动作运动量大小是否适宜，对不足之处进行修改加工，根据检验结果、练习者的反馈信息及创编者的观察研究，对成套操进行适当的修改和调整。竞赛水中健身操要根据规则及创编原则进行评定。

（四）记写成套动作并说明要求

此项是为了保留材料，以便在今后的教学研究或相互交流中采用。文字说明应简明扼要，术语正确，绘图应形象逼真，方向清晰，记录时最好文图并用。

编操之后，需把每节操的图解和文字说明记写下来，记写的内容和顺序如下。

1. 写出每节动作的名称和动作的重复次数。

2. 绘制动作简图，简图包括预备姿势，每拍动作的主要姿态，动作路线和结束姿势。

3. 记写每节操的要求和做法，写出每拍动作的说明，力求简明扼要，术语正确。首先，写明预备姿势；其次，写明每拍动作的做法和结束姿势。记写动作时，一般是先下肢后上肢、先左边、后右边，并明确指出动作的方向、路线和做法等。

第四节　水中健身操音乐的选择和制作

音乐在水中健身这个项目中有着举足轻重的作用。音乐的旋律传达着动作的风格与情绪；音乐的节奏指挥着动作的一致性，音乐与动作相辅相成，所以说音乐是水中健身不可缺少的一部分。本节主要从音乐的选择与音乐的制作这两个方面进行阐述。

一、音乐的选择

如何才能选择合适的音乐进行水中健身操成套动作的编排？这里需要掌握一些基本的要点，同时，音乐的选择要具有针对性。

（一）音乐选择的基本要点

选择音乐可以概括为以下三个要点。

1. 旋律悦耳，节奏清晰，能够在愉悦健身者的同时，带动观众情绪。
2. 其音响效果尽量选用高音质，高分贝。
3. 如果是比赛动作，音乐时长必须严格按照章程制定要求。

（二）音乐选择的针对性

根据健身者的水平，动作学习人群的年龄，以及比赛要求的不同动作难易度，选择有针对性的音乐，这样才可以使音乐与动作的结合达到最佳效果。无论是针对哪个群体的音乐，选择上都需要从音乐速度、音乐风格两个方面考虑。

根据以下三类不同练习对象特点来分别诠释选择音乐要具有针对性。

1. 中老年人

中老年水中健身动作的编排宜采用速度偏慢，旋律悠扬，符合中老年健身者气质的音乐。在以慢速度的音乐降低动作强度的同时，让中老年健身者在愉悦的氛围中享受健身的乐趣。

2. 水中健身操课程学习者

教学动作应该选择音乐速度适中，节奏感较强的音乐。因为教学目的首先是准确完成教学动作，适中的速度让学生更能够关注自己的动作规范，所以在这样的音乐中更利于教学。

3. 参赛选手

竞赛动作应该选择音乐速度较快，互动性强，气氛好的音乐。因为是竞赛动作，目的是感染裁判与观众，所以在选择音乐时一定要把比赛因素考虑全面。需要根据比赛选手的特点选择适宜的风格，扬长避短。

二、音乐的制作

在确定了合适的音乐之后，下一步需要对音乐进行制作、加工处理。因为最初的音乐元素需要在长度、质量或是声效上借助专业的音乐处理软件进行调整，如果有两段或以上不同的音乐元素，还需要进行剪接等后期加工。

制作音乐的软件种类繁多，对于水中健身的伴奏音乐，并不需要专业级别的音乐制作软件，因为音乐制作软件中的简单功能已经能够满足水中健身音乐的需要。本教材中以 Movie Maker 这款软件为例，展示音乐制作所包含的步骤与方法。

Movie Maker 是 Windows 系统自带的视频制作工具，功能比较简单，容易操作。虽然 Mobie Maker 是一款视频编辑软件，但软件中所包函的音频剪辑功能已经能够服务于简单的音乐剪辑。下面将分几个部分介绍一下该软件的操作步骤。

（一）添加音乐

1. 打开软件。
2. 点击导入音频或音乐。（图 3－34）

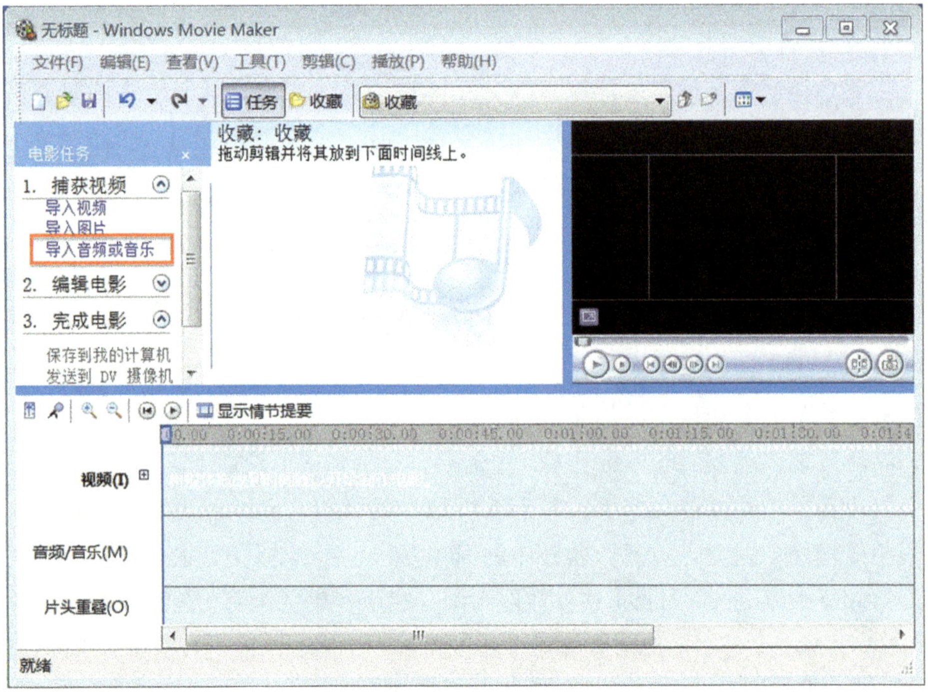

图 3－34　导入音频或音乐

3. 将音乐文件拖动到时间线上。(图 3－35)

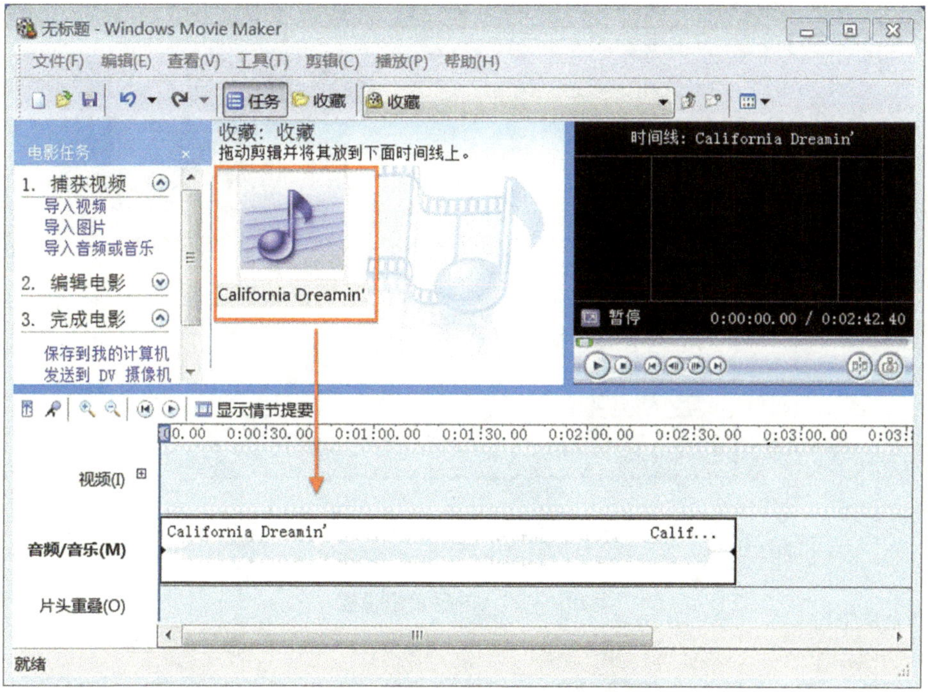

图 3－35 将音乐文件拖动到时间线上

(二) 制作音乐

1. 调整音量

(1) 将鼠标移动到时间线上的音乐上。

(2) 点击右键，出现选项栏。

(3) 点击“音量”选项（图 3－36）。将鼠标点住音量调整按钮，调整音量大小点击“确定”回到主界面（图 3－37）。

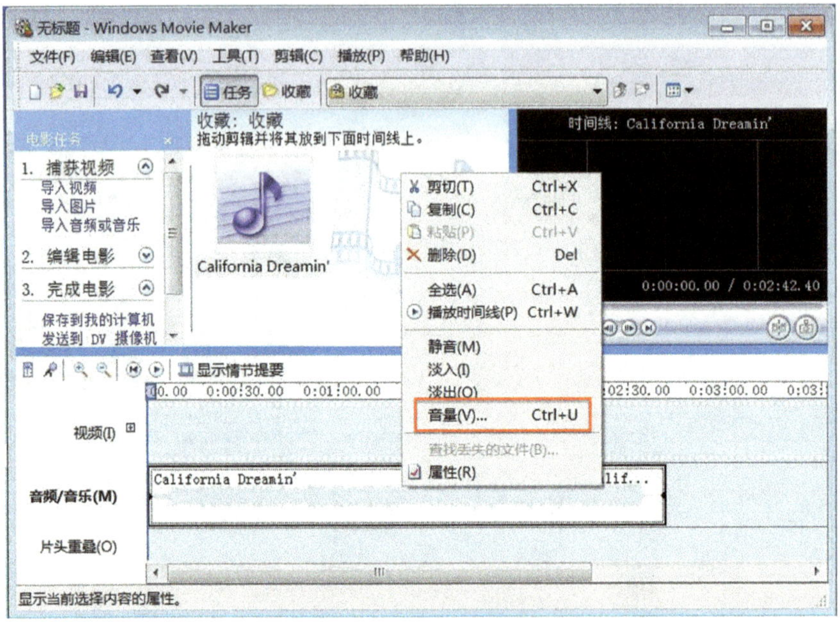

图 3－36 选择音量设置

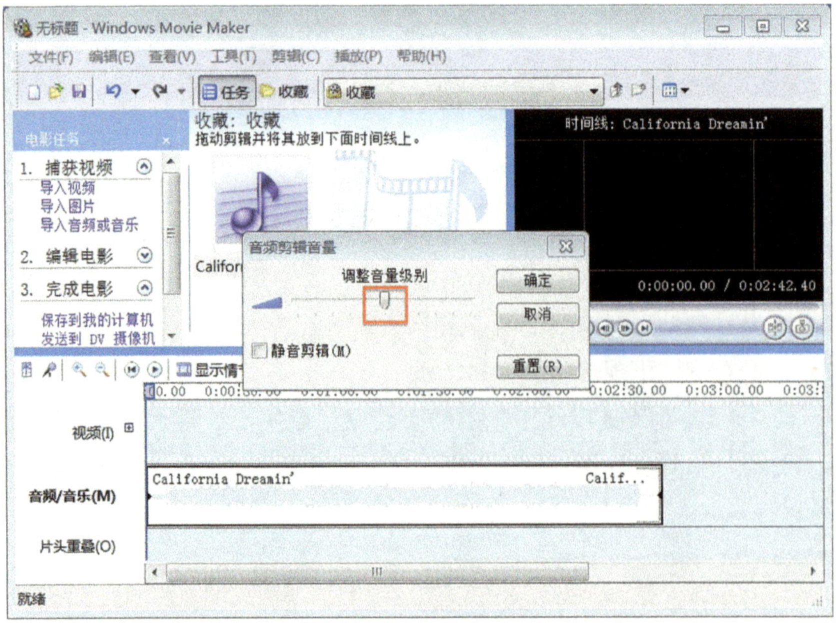

图 3－37 调整音量级别

2. 裁剪音乐

（1）单击时间线上的音乐文件。

（2）把蓝色纵向时间线拖动到需要裁剪的音乐时间处（图 3－38）。

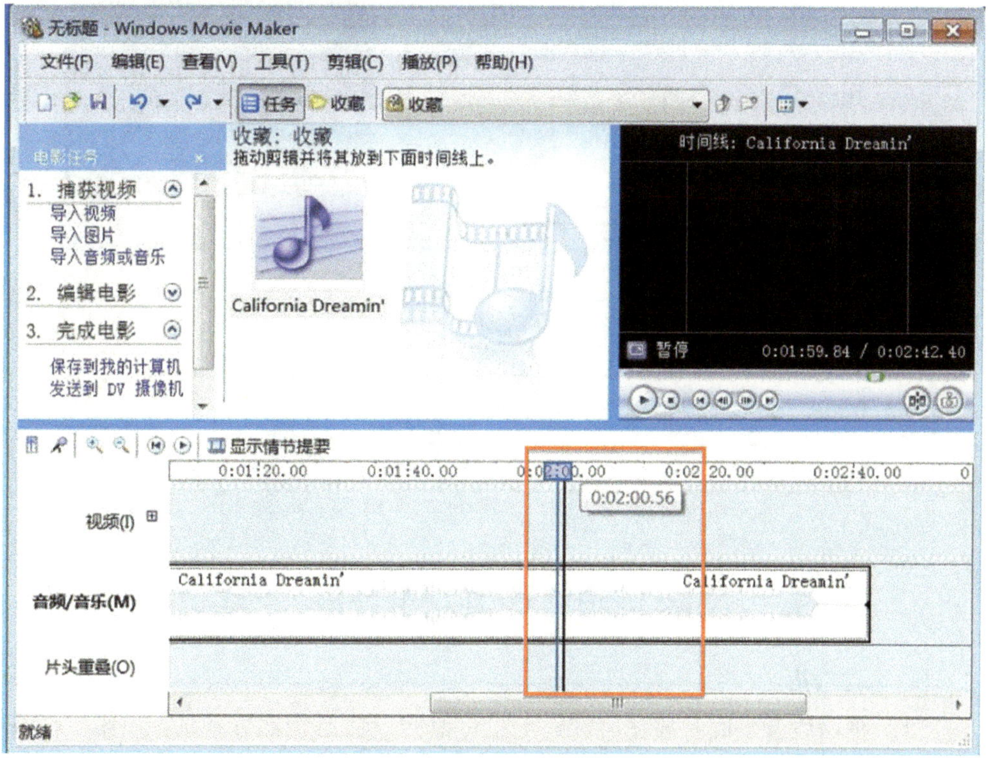

图 3－38　选择需要裁剪的音乐时间段

（3）在控制版面处点击“剪辑”，在选项栏中点击“拆分”，时间线上的音乐即分为两段（图 3－39）。

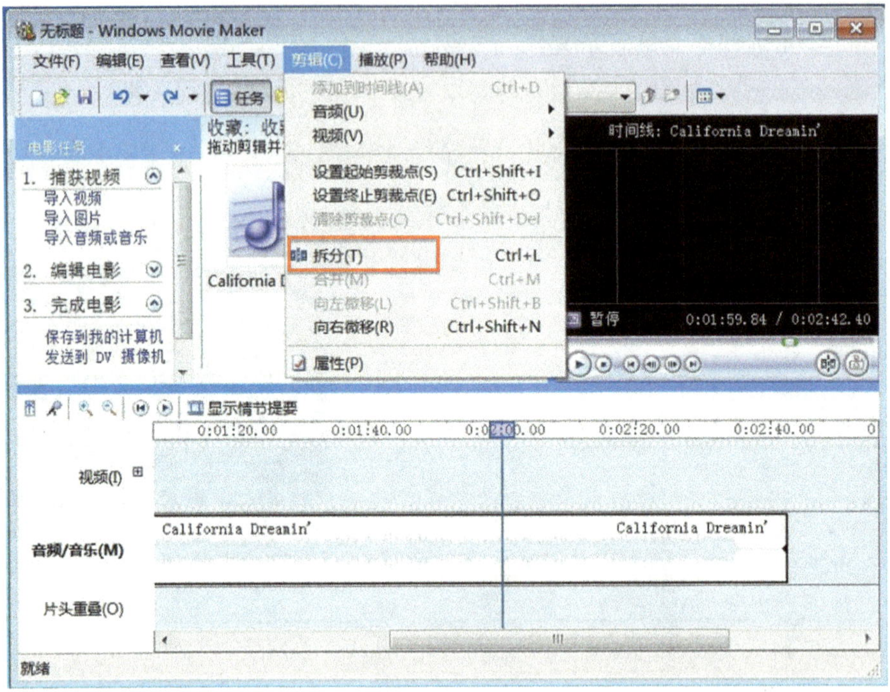

图 3－39　拆分音乐

3. 衔接音乐

（1）把两段音乐同时放在时间线上；将鼠标点住第二部分音乐，向第一部分音乐方向拖动（图 3－40）；将第二部分音乐与第一部分音乐重合。

（2）调整重合度，以使音乐中的节奏和旋律衔接流畅。

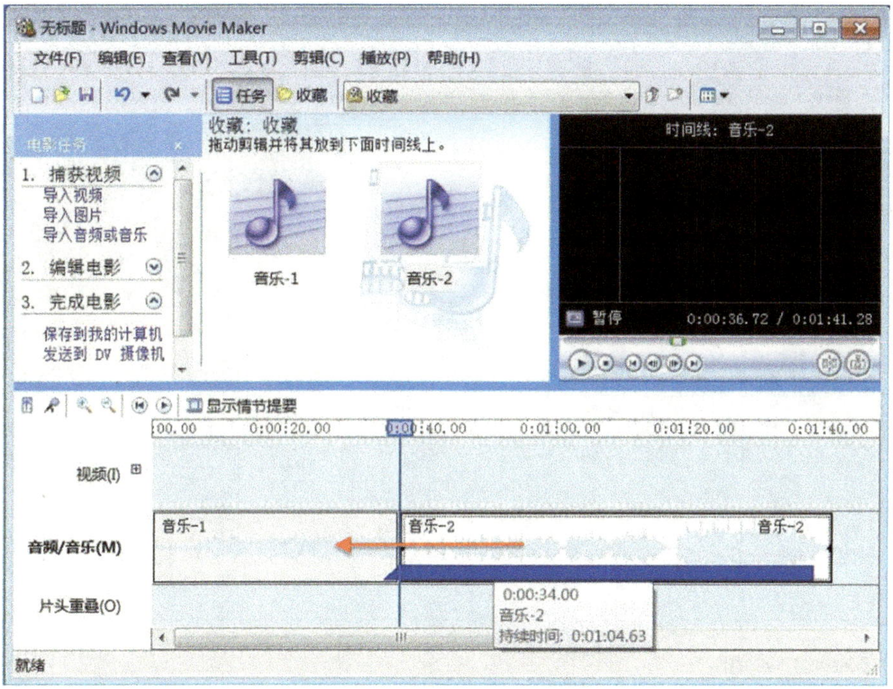

图 3－40　调整两段音乐重合

4. 淡出音乐

（1）将鼠标移动到时间线上的音乐上。

（2）点击右键，出现选项栏；点击“淡出”选项（图 3－41）。

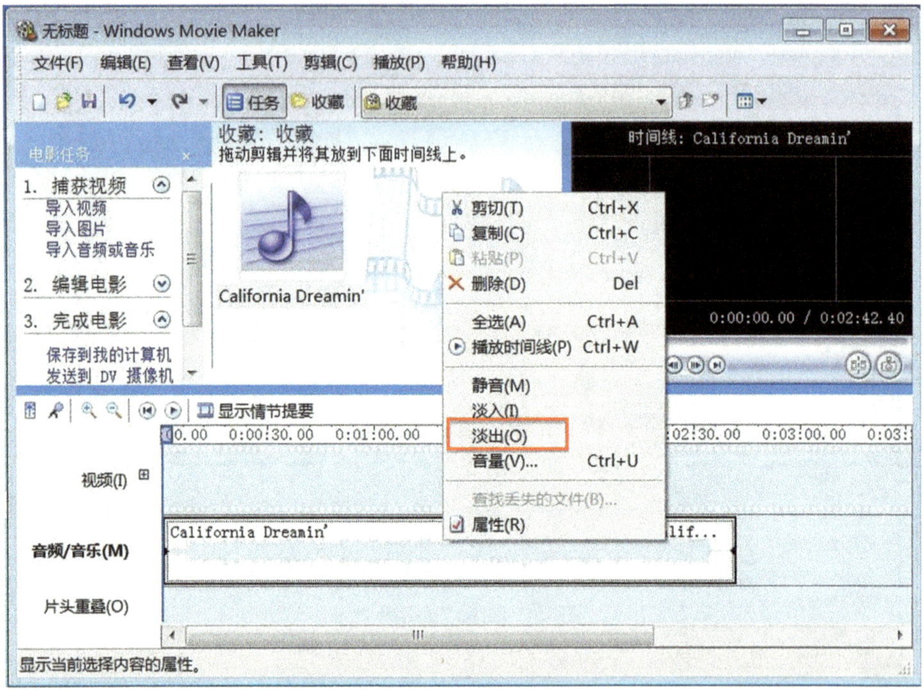

图 3－41　淡出音乐

（三）保存音乐

1. 在电影任务栏选择“保存到我的计算机”选项（图 3－42）。

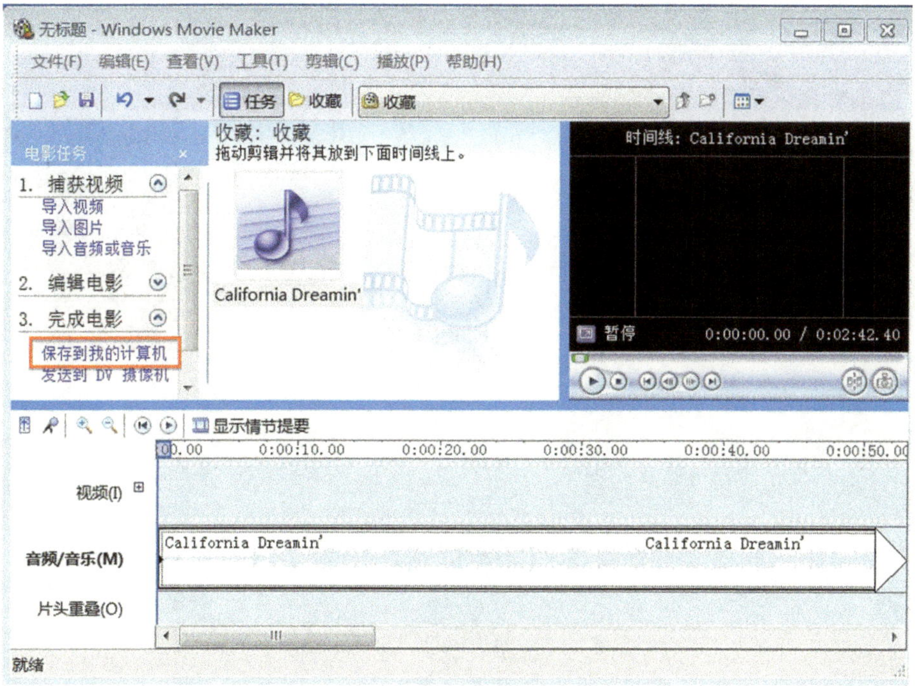

图 3－42　选择“保存到我的计算机”

（2）修改保存名称，选择储存路径，点击下一步，直到确定储存在指定位置（图 3－43）。

图 3－43　修改保存名称

第五节　水中健身操创编案例

本节中的水中健身操创编部分，以北京体育大学水中健身操队参加第五届全国水中健身操比赛中的棒操动作套路《Wave Flag》（以下简称 WF 套路）为案例，详细展示套路编创的方法及步骤。

整个创编程序可以分为三个阶段：创造、组合与调整。这几个部分之间的关系，就好比一篇文章的段落、篇章与最后的修改。从细节到宏观、局部到整体的创编方法更能够让套路动作显得更加完整与精彩。

一、创造——收集元素

第一阶段创造，主要是对套路中所需要包含的动作元素进行创作，并收集丰富动作元素为下一个组合阶段所用。动作元素在这里定义为水中健身竞赛套路中，动作的不同组合方式。创造阶段的重点是调动所有学生的积极性，配合完成创编工作，并强调动作的创编要充分利用器械的特点。

第一阶段具体操作方法为以下三部分。

（一）熟悉音乐

创编开始的第一项工作，是让学生熟悉竞赛套路的音乐，理解音乐旋律所传达出的风格，同时感受音乐节奏的速度。

（二）分组创作部分

这部分的创作，是由学生以分组形式分别进行非集体部分的动作元素创作，并在学生创作过程中进行指导与修改。

1. 两名学生创作双人配合动作。
2. 三名学生创作三人配合动作。
3. 四名学生创作四人配合动作。
4. 六名学生创作六人配合动作。

（三）集体创作部分

这部分的创作，在教师指导下完成集体的动作元素创作。

1. 集体同步动作。
2. 集体造型动作。
3. 立体造型动作。
4. 平面造型动作。

二、组合——组织元素

第二阶段组合，主要是把第一阶段创造的动作元素合理组织和串联在一起。在这一阶段中首要考虑队形的安排，选择适合队形特点的动作，以及根据音乐的结构编排队形变化的时间。

第二阶段具体操作方法为以下三部分。

（一）编排动作队形，并根据动作队形特点安排动作

在编排动作时，首先考虑队形特点，其次是根据其特点编排动作。同时，这一部分动作的编排需要考虑两个因素：队形变化中的动作，以及队形到位后的动作。以 WF 套路中的前六个队形变化为例。

1. WF 套路第一个队形（图 3－44）

队形描述：该队形为三排四列的完全对齐队形。

队形特点：第一个开场队形选择了整体性较高的集中队形，有利于加强动作的开场气氛。

动作编排：适合编排同步动作，以及整体性较高的依次动作。WF 套路中安排了两组整体的依次波浪动作。

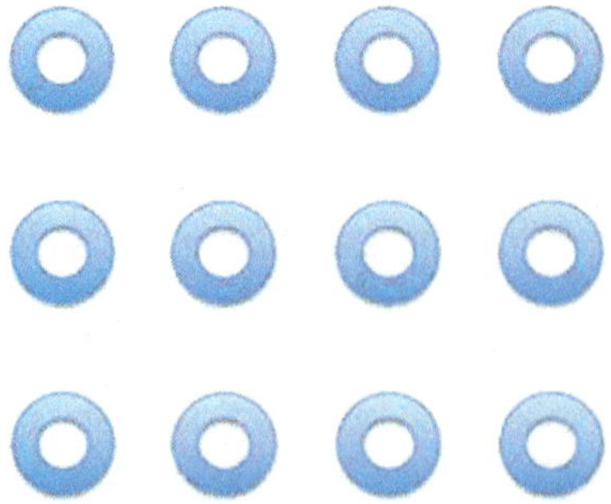

图 3－44　WF 套路中第一个队形

2. WF 套路第二个队形（图 3－45）

队形描述：该队形的变动是由第一排 4 位队员向右，第三排 4 位队员向左。

队形特点：该队形的变化特点为左右展开，并把所有队员分为了三组。

动作编排：移动过程中，可以考虑编排左右移动较为方便的拨水动作；队形到位之后可以编排两人一组的简单互动动作。

图 3－45　WF 套路中第二个队形

3. WF 套路第三个队形（图 3－46）

队形描述：该队形是从中心线把所有队员分成两组，左边 6 位队员向前，右边 6 位队员向后。

队形特点：该队形同样是一个整体变化队形，需要所有人配合完成，所以不适合编排复杂动作。

动作编排：移动过程中可以考虑编排适合前进以及后退的动作；队形到位之后可以考虑编排展现队形横向线条的动作。

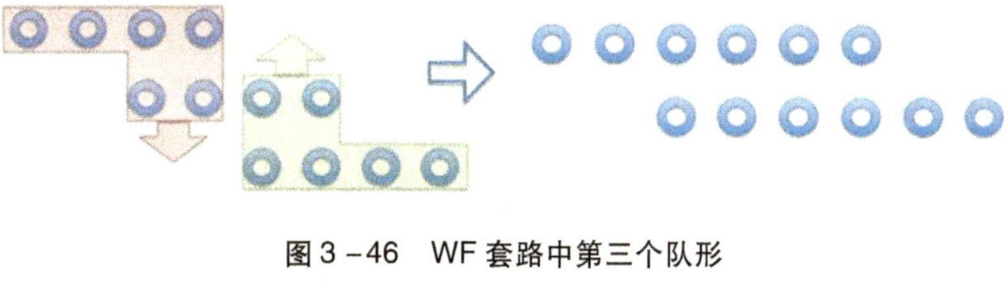

图 3－46　WF 套路中第三个队形

4. WF 套路第四个队形（图 3－47）

队形描述：该队形为前排向左移动，后排向右移动，至两排对齐。

队形特点：该队形又回到一个整体性较强的队形，可以在队形较为集中的情况下安排互动与配合动作。

动作编排：移动过程中可以考虑编排在移动中的前后排配合动作；队形到位之后可以考虑编排前后排的呼应动作，具体可编排为节奏上的呼应或是动作方向上的呼应。

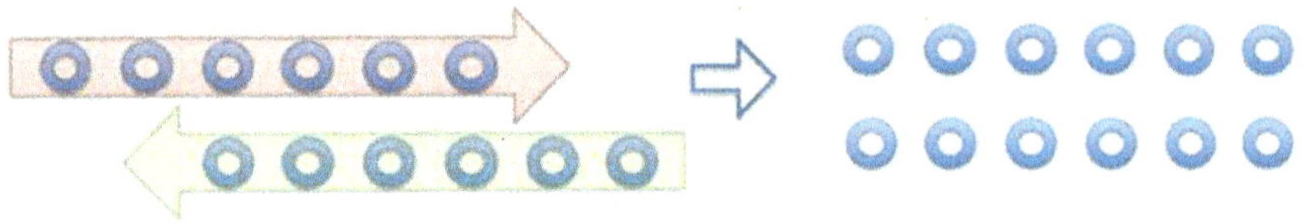

图 3－47　WF 套路中第四个队形

5. WF 套路第五个队形（图 3－48）

队形描述：该队形为，红色标记覆盖的 3 位队员向右后 45 度方向移动，绿色标记覆盖的 3 位队员向左前 45 度方向移动，其余 6 位队员原地不动。

队形特点：该队形的变化有别于之前的整体队形变化，较容易产生分别的动作形式。

动作编排：移动过程中可以考虑编排利于移动队员斜方向移动的动作；队形到位之后可以考虑编排以中间 4 位队员为主的造型动作。

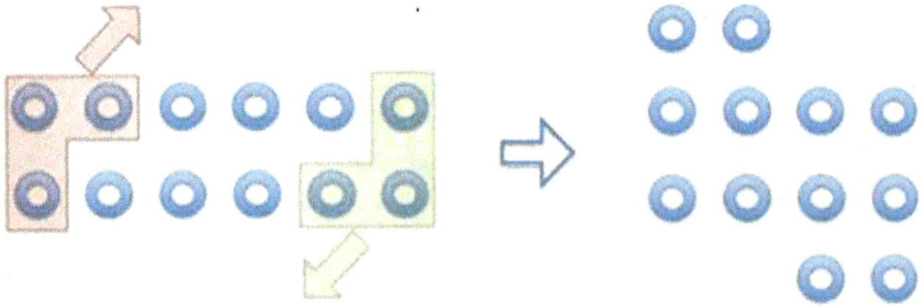

图 3－48　WF 套路中第五个队形

6. WF 套路第六个队形（图 3－49）

队形描述：该队形为，红色标记覆盖的 4 位队员以及绿色标记覆盖的 4 位队员以序列形式围绕中间 4 位队员，以顺时针方向移动到指定位置。

队形特点：该队形的变化为外圈包围内圈，外圈要求快速移动，内圈为原地动作。

动作编排：移动过程中可以考虑编排适合外圈队员的快速移动打腿动作，以及更精彩的中间4人配合动作；队形到位之后可以考虑编排同步动作，以及适合队形特点的配合动作。

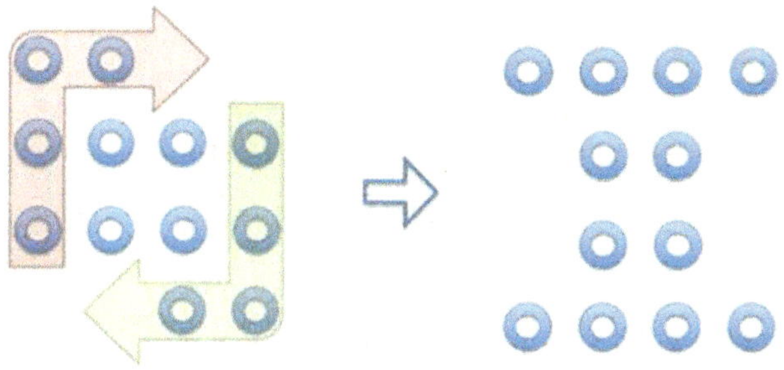

图3-49 WF套路中第六个队形

(二) 根据音乐的段落结构与变化来安排动作的变化

WF套路中的伴奏音乐为《Wave Flag》，是一首节奏欢快并赋有韵律的英文歌曲。在歌曲当中有较为明显的段落结构变化。例如：3个8拍的音乐前奏，4个8拍的主唱部分，4个8拍的哼唱部分，8个8拍的欢快旋律部分等。每个队形的变化时间，某种程度上可以根据音乐中的结构来决定。

通过对伴奏音乐的反复揣摩，不仅能够清晰地感受音乐的段落结构，同时还能够通过音乐的轻重缓急编排与音乐高度吻合的动作。例如：在气势较大的音乐部分安排同步的大幅度动作，在相对缓慢的部分安排水面的造型。

(三) 套路开始与结尾的创编

开始与结尾动作是套路中的亮点部分，会给裁判及观众留下较深刻的印象，所以要作为重点进行创编。

开始与结尾动作的共同特点有两个：(1) 需要清晰的呈现与短时间的停顿。(2) 需要考虑如何衔接。

以 WF 套路为例：

开始动作中，音乐的开始有 3 个 8 拍慢音乐前奏，那么动作编排上要考虑与音乐风格相同的群组造型，以及类似慢动作的肢体变化。

结尾动作需要强调团队的力量以及展现套路中的亮点，所以在编排时，考虑从大到小的紧凑队形结束，并出其不意的安排了一个托举动作。

三、调整——整体协调

第三阶段的调整，主要是在上一个阶段的工作结束之后，对已经初步编排完成的套路动作进行整体协调。这一阶段的主要工作是修改与打磨作品，使套路动作更加完整。

第三阶段具体操作方法为以下三部分。

（一）观察队员的完成质量

根据队员的完成质量给予反馈意见，对难度较大的动作和难以同步的动作进行修改。

（二）观察动作各部分之间是否协调

对衔接不流畅的部分进行修改；对亮点的分布进行部署；动作与音乐不协调的部分进行调整。

（三）听取他人建议

听取他人意见是调整阶段的锦囊妙计。长时间的编排工作，让编排者过于熟悉套路动作，从而较难发现套路当中的欠缺，并忽视了一些从观赏角度而言应该注重的要点。同事或观众的建议将会从一个更客观角度来帮助编排者发现不足。

思考题

1. 水中健身操可以分成几种?

2. 水中器械健身操可以分为哪几种?试着采用浮力棒、打水板各创编 10 个动作。

3. 在进行水中健身操创编时，应注意哪些原则?

4. 简要介绍一下水中健身操创编的步骤及注意事项。

推荐读物

1. 朱笛,温宇红．水中健身[M]. 北京:人民体育出版社,2007.
2. 野村武男,章耀远译．水中健身运动[M]. 人民体育出版社,2002.
3. 中国游泳协会官方网站:http://swimming. sports. org. cn.

参考文献

[1] 龙俐君．水中有氧健身操的创编及健身效果的研究[D]. 北京体育大学,2015. 7.

[2] 陈爱萍,何碧研,陈莉萍．对中国花样游泳队集体自由自选技术编排的探讨[J]. 北京体育大学学报,2008(7).

第四章　水中健身操的教学

本章教学提示

1. 水中健身操是将水中健身、审美、创造等多功能有机集合起来的教学项目。

2. 水中健身操的教学必须遵循五条基本教学原则，正确运用教学方法。

3. 了解水中健身课程教学文件的制定，学会根据教学对象、教学进度、内容等制定水中健身课程教案。

关键术语

水中健身操、教学方法、教学特点、教学原则、教学文件

第一节　水中健身操教学特点

水中健身操项目结合了游泳与健身操运动的特点，其教学应区别于其他运动项目。将水中健身、审美、创造等多种功能有机结合起来，提高学生塑造美的能力，同时，水中健身操项目还能陶冶情操，提高学生感受美、欣赏美、创造美的能力。水中健身操的教学有着区别于其他水上项目的特点。

一、教学环境的特点

水中健身操是在水环境中进行的健身活动。由于水的浮力、阻力，使人在水中站立、行走和跳跃的感觉都区别于陆上，所以，要了解并学会掌握水的阻力、浮力和控制住身体在水中的平衡，才能更好地在水中进行健身活动。

二、教学动作的特点

与周期性游泳动作相比，水中健身操的技术动作更加多样。水中健身操的动作特点在于将自然、协调、健美的健身动作与水的特性充分结合，全面发展身体素质，在水中将健与美充分展现出来。

三、教学顺序的特点

水中健身操的教学是教师有目的、有计划地指导学生先在陆上进行各种动作的学习，然后进入到水环境中，利用水的特性加以体会和巩固，最后再结合音乐或是专门水中健身器械，完成成套的水中健身操练习。

第二节 水中健身操的教学原则

教学原则是教学实践中具有普遍意义的经验总结与概括，是教学过程客观规律的反映，也是指导教学工作的基本要求。在水中健身操教学实践中，应根据学生身心发展的规律结合健身操、游泳教学的特点，正确运用教学原则，以利于教学任务的完成和教学质量的提高。根据健身操和游泳项目的特点，在教学中经常运用的原则有安全第一原则、循序渐进原则、直观性原则、从实际出发原则、水陆结合原则等。

一、安全第一原则

水中教学是学员在不熟悉并对其安全具有潜在威胁的特殊环境中进行，应将安全视为水中教学必须考虑的首要问题。在场地选择、编班分组、组织教学等全过程，自始至终都必须落实安全措施，做到万无一失。

在进行水中健身操教学前，必须选择安全良好的教学环境，水质清晰可见池底，并确保池底平整，避免由于池底不光滑所带来的意外损伤；合理控制教学班的人数，保证教员的视线能清晰注意到每个个体；教学过程中，教学内容安排也要以安全第一，不要安排一些超出学员能力范围的高难度动作。

二、循序渐进原则

水中健身操教学在安排教学内容和组织教学时，要遵循由易到难、由简到繁、由浅入深的教学过程，先教基本的分解动作，再教复杂的连贯动作，循序渐进，逐步提高教学要求，以利学生接受。在不断巩固已学的动作技术的基础上学习新的动作，运动量的安排应由小到大逐步增加。

三、直观教学原则

直观教学是通过学生观察所学事物或教师语言的形象描述，引导学生形成所学事物、过程的清晰表象，从而使他们能够正确理解和掌握所学内容。

水中健身操教学过程中，要正确地运用动作示范和口令、手势等直观教学方法进行教学，示范的类型可包括：陆上示范、水中示范、正误示范对比，练习过程中示范和讲解要相结合；积极地运用录像教学等多媒体教学手段，使学员在学习和练习时能够更清楚地观察和模仿技术动作。

四、从实际出发的原则

水中健身操的教学任务、内容、要求、组织教学法，要力求符合年龄、性别、基础、以及场地等实际情况，使教学对象能够接受并顺利地进行练习。还要注意个体与整体的区别对待，根据学员的年龄特点制定教学内容，选择合理的方法手段。注意场地、器材、设备、气候和水温情况。

五、水陆结合原则

在学习和创编水中健身操的过程中，都是从陆上练习开始，通过陆上模仿建立起动作概念，再过渡到水中练习，注重基础动作的练习。水陆练习要注意适时转换，学生在陆上练习中基本建立动作概念后，要转入水中练习，充分利用水的特性，体会水中完成动作的不同感受。

第三节 水中健身操教学方法

一、示范讲解法

示范讲解法是体育教学中最常用的教学方法。在进行技术动作教学时，一般情况下，教师先进行讲解示范，使学生明确动作要领和练习方法，然后进行学习。由于水中健身操的特殊性，讲解是配合示范以加深对动作的理解。如果动作简单、学生运动基础又较高，可只示范不讲解；如果动作比较复杂，应首先让学生能建立起正确的动作表象，可先示范，后讲解；如果是对初学者，学习比较复杂或者较困难的动作，可采用边慢示范、边讲要求、边让学生跟着模仿做的方法。

（一）示范法

示范法是水中健身操教学的主要教学方法，又是最为直接和效果较好的一种直观方式。通过示范能使练习者建立正确的动作表象。

1. 水中健身操示范要求

正确的示范必须做到动作清楚、部位准确、节奏分明、精神饱满，使练习者既看清每拍动作做法，又看清动作的连接。进行新动作示范时，应先进行完整动作示范，再进行分解动作或重点动作示范。

要注意水中健身活动的特点。由于水中阻力的原因，使水中的动作节奏要比陆上所用时间长。因此，教师在陆上做示范时，应适当放慢自己的示范动作节奏。

2. 水中健身操常用示范队形组织

教师的示范位置要根据练习人数和队形来选择。分为水中和陆上示范两种。教师的示范位置要利于学生观察，使每一位学生都能看得到、听得清。学生观察示范动作的队形对观察效果有直接的影响，应注意合理组织与选择。以下是常见的几种示范队形组织图。

（1）教师陆上示范的队形组织（图4－1、4－2）

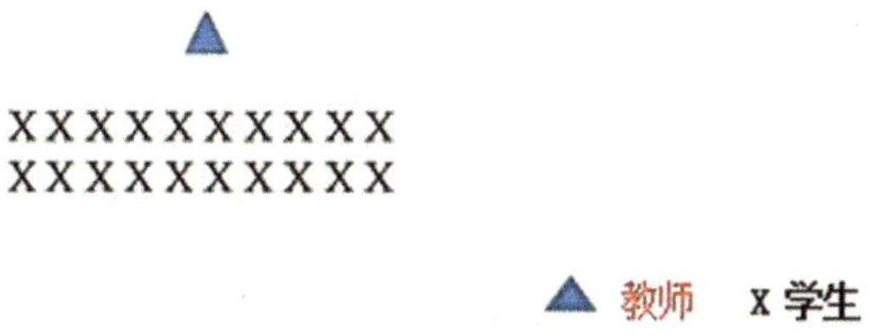

图4－1 教师与学生均在陆上的示范队形组织

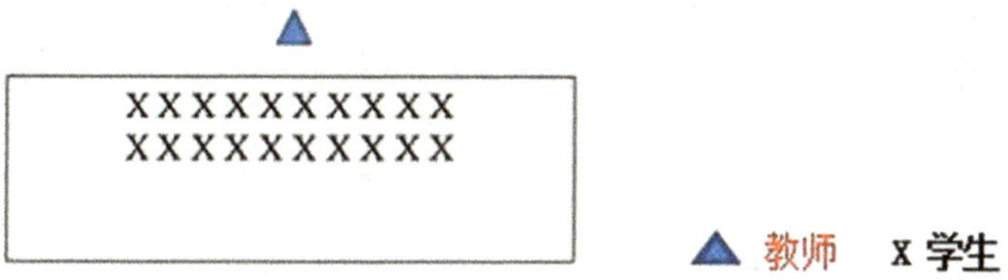

图4－2 教师陆上示范，学生水中模仿的队形组织

（2）教师水中示范的队形组织（图4－3）

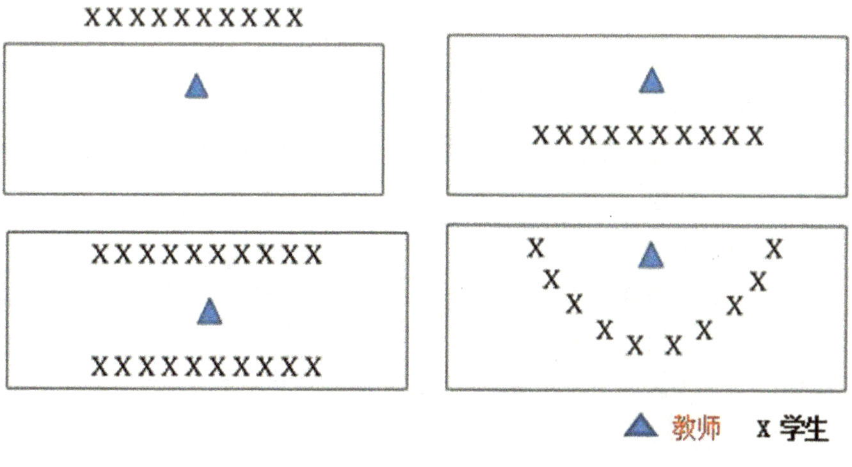

图4－3 教师水中示范的队形组织

3. 水中健身操常用示范形式

（1）镜面示范

教师面对学生做动作。一般做反方向的动作，便于练习者模仿。适用于显示左右方向、路线简单的动作。

（2）侧面示范

教师身体侧对学生做动作。一般用于显示前后方向的动作，如前后踢腿、腹背运动等，便于看清楚动作的前后做法。

（3）背面示范

教师背对学生做动作。一般用于方向、路线及配合较为复杂的动作，便于练习者跟随做动作。也多用于领做示范，即带领学生一起做动作，边做边起示范作用。

4. 水中健身操常用示范方法

根据动作难易和学生的水平，可采用正常速度示范、慢速示范、分解示范、完整示范、领做示范。根据教学的需要，各方法可以相互结合运用。如进行一套新的动作教学时，可先进行完整示范，再分解示范。也可以先进行正常速度示范，再做慢速示范。

（二）讲解法

讲解法即语言法，教学活动中最重要的工具就是语言。在体育教学活动中，它是教师正确地用语言启发学生的思维，加深对动作的理解，促进对动作技术、技能的掌握的基本方法。

1. 水中健身操动作讲解要求

教师的语言要简明扼要、生动形象、通俗易懂。内容要突出重点，一般不宜讲动作全过程，主要讲清动作的方向、路线、部位和身体各部位的配合方法。学生通过教师的语言描述，能形成粗略的动作形象。

2. 与示范紧密配合

在水中健身操的教学过程中，讲解是配合示范加深对动作的理解。生动形象地讲解配合正确的动作示范，能使直观感觉和抽象思维很好地结合起来，达到更好的教学效果，切忌只讲不做。

二、分解及成套动作教学法

在水中健身操中，水中行走、跑步等动作的结构比较简单，但对于操类或舞蹈类相对比较复杂的动作，需要经过一段时间的练习才能掌握。根据水中健身操动作的难易程度、学习全套动作的教学安排、学生能力水平及掌握动作的熟练程度等情况，可采用不同的练习方法。

（一）合理组织队形

在开始练习前，如果采用集体教学，应当安排合理的练习队形。队形多种多样，大都以原地练习和小范围的移动为主。安排队形时应注意根据练习的目的内容、人数的多少、场地的大小选择队形。选择的队形应有利于教师的指挥，使每一名学生都能看到、听得清教师的讲解与口令。练习者一般左右为两臂间隔，前后位两步距离。

（二）练习法

1. 分节练习法

即各节动作分别练习。常在新学一套动作、成套动作不熟练及动作变化较复杂的情况下采用。

2. 分段练习法

将全套动作分成几段，每次专门练习一段的各节动作，最后将各段连接起来练习为成套动作。常为分段熟记和提高动作质量时采用。每段练习又可采用分节和连续练习方法。

3. 累积练习法

即从第一节开始，先本节单独练习一次，接着与前面的节数连起来练一次，一次练完全套动作。常为提高全套动作连接和熟记动作时采用。在返练前面节数时，又可采用分节和连续练习法。

4. 连续练习法

即全套动作从开始至最后一节不停地连续完成。常在动作较为熟练和加大身体负荷时采用。

5. 断连练习法

即在全套动作连续完成过程中，其中某一、两节动作暂停，采用分节练习。常在全套动作基本熟练、个别节的动作掌握不好时采用，以强化某节练习。

6. 重复练习法

即每节动作先练两个八拍后进行纠正，接着再重复练习两个八拍。常在学习新动作或较复杂动作时采用。

7. 对称练习法

即一节动作中，按左右路或前后排，在动作方向、部位、方法等方面相对称地练习。常在动作熟练时，为提高练习难度、兴趣及配合能力而采用。对称方法可采用面对、侧对、背对、起伏、转动、移动等形式进行。

三、口令法

口令是组织学习和练习的号令。为了使学生更好地完成练习、活跃课堂气氛，在水中健身操教学中要加入一些口令教学法。做操的口令有节拍口令和提示口令。

（一）节拍口令

节拍口令是指指挥做动作的速度、节奏。口令要与音乐节奏相吻合，要与音乐的韵律节奏相一致。运用时根据动作熟练性和动作幅度大小确定口令的快慢，根据做动作的用力要求确定口令的强弱，如振、压动作口令要强。根据动作特点确定口令的轻重，要恰到好处，不适宜的口令会消减学生学习的情绪和效果。

（二）提示口令

提示口令是在节拍口令中运用，以重点提示完成动作的某些要求、做法等。可以用快速而简短的提示，要求练习者按口令节奏做动作并提示对下面将要开始的练习做好准备。口令要有号召性和鼓动性，教师生动的、带有鼓动性的口令，可以活跃课堂气氛，调动学生情绪。使学生在愉快、轻松的心境下练习，能激励学生学习的自信心。

四、纠正错误法

教师在教学过程中要注意观察错误动作，分析错误原因，及时采取有效方法纠正错误动作。在教学中，由于教、学双方面的原因，学生的动作常会出现缺点和错误，如因不注意纠正或纠正不及时而导致错误动力定型的形成，不仅错误难以纠正，而且还会影响正确动作技术的掌握。纠正动作错误可采用集体纠正、个别纠正和相互纠正。

（一）集体纠正

集体纠正是在多数人有错并出错较多时，采取停止练习纠正，然后再练。在学生人数较多的情况下，可先集体纠正普遍存在的错误，再单独纠正个别人的个别错误。

（二）个别纠正

个别纠正是在少数、个别人有错误时，不停止练习，采用提示口令边做边纠正，还可在提示中配合手势或动作暗示改正。

（三）相互纠正

相互纠正是在出现各种不同错误时，采用一对一地面对面相互纠正，可用一人做另一人观察纠正或两人互做互看的纠正等。

五、分组比赛法

比赛法是指在近似真实、严格的比赛条件下，按比赛的规则和方式进行训练的方法。在学生掌握成套的技术动作后，可以进行分组比赛。这种方法有较强的竞争性，可营造生动活泼、紧张的练习气氛，可以提高学生的兴趣，激发学生从事练习的积极性，加快学习掌握动作技术的进程，还可以培养学生团结协作的团队精神和竞争意识，并且在赛前可让学生提前进入参赛的状态。

思考题

1. 水中健身操的教学原则包括哪些方面？有哪些是可以与游泳教学相互借鉴的？

2. 在水中健身操教学过程中，如何运用正确的教学方法？举例说明。

3. 制定一份水中健身操课程教案，小组进行教学实践。

推荐读物

1. 刘甄悦，孙承文．健身舞蹈[M]．北京：北京体育大学

参考文献

[1]全国体育院校教材委员会审定．游泳运动[M]．北京：人民体育出版社，2001.10.

[2]中国体育科学学会编．2012年全国体育科学大会论文集[M]．北京：北京体育大学出版社，2012.

第五章　水中健身练习计划的制定

本章教学提示

1. 水中健身练习计划的制定要根据参加者的身体状况、练习目的有针对性地进行。

2. 在制定练习计划前要对练习者进行详细的初始状态诊断。

3. 正确的诊断可以对水中健身练习者的练习效果进行评价，及时调整练习计划，以达到水中健身练习的最好效果。同时避免在水中运动时意外事故的发生。

关键术语

初始状态、诊断、负荷、练习计划、制定

第一节　初始状态诊断与评价

一、初始状态诊断

（一）初始状态诊断概念

水中健身初始状态诊断是指在参与练习之前，练习者应先对自身的健康状况、体质水平和水中活动能力进行初步的诊断，根据结果选择练习内容、练习手段和强度等。

（二）初始状态诊断方法

1. 基本情况调查诊断

在制订长期系统的水中健身计划前，首先应了解练习者的健康和体质水平，除了进行体质测量外，可以采用表 5－1 的调查问卷对练习者的健康和体质水平进行大致了解。

表 5－1　健康和体质水平简易评价表

题目			分数
（1）	年龄	A 20 岁或以下	3
		B 21～29 岁	2
		C 30～39 岁	1
		D 40 岁及以上	0
（2）	BMI 值＝体重（kg）÷身高^2（m）	A 正常：18.5～24.99	3
		B 过重：25～28	2
		C 肥胖：28～32	1

续表

题目			分数
		D 低于 18.5 或高于 32	0
(3)	晨脉	A 每分钟低于 60 次	3
		B 每分钟 61 ~69 次	2
		C 每分钟 70 ~79 次	1
		D 每分钟 80 次以上	0
(4)	心血管系统健康水平	A 无心脏病或心血管系统病史	3
		B 有病史，但已经治愈	2
		C 有病症，但不需要治疗	1
		D 有病症，正在治疗	0
(5)	骨、关节、肌肉损伤情况	A 没有损伤	3
		B 在运动时疼痛，但不限制运动	2
		C 有损伤且限制运动能力	1
		D 不能做激烈运动	0
(6)	身体有无急性或慢性疾病	A 没有疾病	3
		B 有疾病，但不限制运动能力	2
		C 有疾病且限制运动能力	1
		D 不能做激烈运动	0
(7)	吸烟史	A 从不吸烟	3
		B 曾吸烟，但已戒除	2
		C 有时吸烟	1
		D 经常吸烟，有较重烟瘾	0
(8)	参加有氧练习的情况	A 经常参加持续性有氧练习	3
		B 有时参加持续性有氧练习	2
		C 有时参加无氧活动或间歇性活动	1
		D 无规律活动	0

评价方式：将每题所选分数相加。得分高于 16 分的，说明健康程度良好，可以进行持续时

间在45分钟以上的，中等强度的水中有氧健身练习；得分在8~15分的，健康情况中等，持续练习时间可缩短为30分钟，选择中低强度练习，练习中可根据需要稍加休息；得分在8分以下者，健康程度较低，需选择低强度的练习，逐渐增强体质。

2. 身体各系统机能测试

通过表5-1的问卷了解的主要是练习者的健康和体质水平，还要对其他方面能力作进一步评价，经过严格的诊断，可以避免并排除可能造成运动伤害的危险因素。

例如，美国德州大学给一些成年人进行的测试发现，经过12周水中练习后，心脏功能得到明显提高。美国波尔大学推荐通过采用500码（约450米）水中跑步计时的方法来评价心血管系统功能。（表5-2）

表5-2　500码水中跑步评价标准（适用于30岁以下人群）

级别	男子（时间）	女子（时间）
优秀	少于6分47秒	少于7分58秒
良好	6分47秒~7分30秒	7分59秒~8分38秒
一般	7分31秒~8分14秒	8分39秒~9分19秒
较差	8分15秒~8分57秒	9分20秒~10分
很差	大于8分58秒	大于10分01秒

如果在测试后赶到身体非常疲劳，甚至呼吸困难等不良症状，说明心血管系统机能较差，应寻求医生的帮助，从脚底强度和较少运动量的练习开始。上述测试也可以在练习过程中定期进行，例如每两周或每月进行一次相同的测试，当发现速度加快，或速度保持稳定而心率下降时，说明心血管系统机能得到了提高。

还可以测试肌肉耐力，站在水中，以最快的频率原地行走30秒，数动作次数；上肢以最快的频率做屈伸动作，数动作次数。可以采用这样的方法对练习水平进行跟踪测量和评价。

3. 心理健康诊断

心理健康是水中健身活动的基础，也是确保水中健身活动安全进行的保障，同时水中健身活动能够促进心理健康状况，因此简单的心理健康调查与诊断，有利于水中健身活动安全顺利地进行。

（三）初始状态诊断意义

为确保水中健身计划的实施与顺利执行，在进行健身前对练习者都应该有一个初始的诊断，其目的在于能够及时了解练习者在练习过程中所遇到的各种问题并及时进行解决。水中健身与陆上健身有许多不同之处，更应引起高度重视，具体区别主要体现在以下几个方面：首先，水环境使得初次进行水中健身练习的人在进入水中时要有一个适应的过程；其次，水中消耗大于陆地，初始诊断后可根据练习者的情况安排练习负荷量度，避免运动过度；最后，水作为一种特殊介质，其浮力、阻力、压力、难以压缩性、流动性等特性，会给缺乏水中活动的人造成一定的运动困难及身体不适。所以，初始状态诊断的意义在于通过调查练习者的基本身体情况、水中活动经历等，为之后更加科学、合理的安排练习计划奠定基础。

二、初始状态评价

（一）初始状态评价概念

初始状态评价是指经过初始状态诊断后，根据诊断结果对参加水中健身的人进行客观评价，指导他们选择适合自己的水中健身练习内容，指导教练员有目的、有针对性地制定练习计划。

（二）初始状态评价依据

初始状态评价以初始状态的诊断结果为依据，通过对参加锻炼人的基本情况、身体健康状况、身体形态情况、身体机能状况、运动能力等方面的诊断结果进行评价汇总，进而制定水中健身活动练习计划。

通过分析初始诊断结果，将参加水中运动的人进行分类，通常情况下我们可以将他们分为三类：一类为健康人群，如健身爱好者，想通过水中健身运动达到提高机体有氧代谢能力，发展身体素质，增强肌肉力量，享受水中健身乐趣的人；第二类为特殊人群：如孕妇及由于肥胖等参加陆上运动吃力的人；第三类为康复人群，如伤后康复、行动不便等的病人。由于不同人群的锻炼目的不同，身体健康状态、身体形态及机能、运动能力均有所不同，因此，在制定水中健身活动计划时要因人而异、因材施教，在方法、负荷量度等方面给予区别对待。

（三）初始状态评价的意义

初始状态评价的意义在于对那些能够长期坚持参加水中健身的人，进行锻炼效果的跟踪调查及评价。调查他们在经过一段时间系统水中练习后，各方面指标的变化情况，及时了解练习情况，为制定下一阶段练习计划提供依据。此外，初始状态诊断与评价意义还在于对是否适合进行水中练习的人进行一个筛查，如通过直观判断，对于有外伤、有皮肤传染病等传染性疾病的人，可阻止其参加水中健身运动；对于初始状态诊断出患有高血压、心脏病等慢性病的人，应该建议其在医嘱下参加水中健身运动。

第二节　水中练习负荷的控制

一、运动负荷的概念

运动负荷是指人体在运动过程中所承受的负荷量以及负荷强度（图 5－1）。人体在运动过程中，负荷量和负荷强度的不同组合，其练习效果也不同。

在锻炼时，只有运动负荷适宜，才能收到较好的效果。运动负荷过小，达不到练习者锻炼的目的，而运动负荷过大，超出了人身心所能承受的限度时，会对人体产生不良的影响，严重时会使人体的免疫系统遭到破坏。因此，在进行健身前一定要学会合理地安排和调节运动负荷，使得练习者在练习之后既有一定程度的疲劳，又能承受，身心得到很快的恢复，不影响第二天正常的生活、学习和

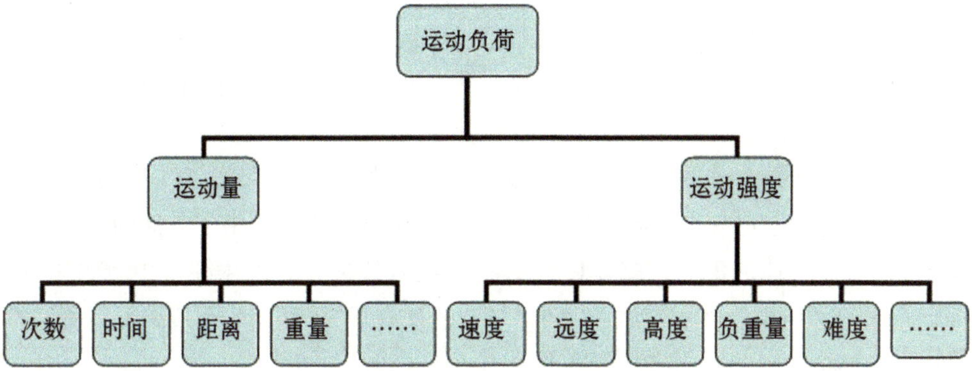

图5－1　运动负荷组成因素

工作。

二、控制运动强度的方法

运动强度可以用最大摄氧量、血乳酸浓度、心率、用力程度感觉（RPE）等方式进行监控，其中最简便实用的是：自我心率评价法及用力程度感觉法。

（一）自我心率测定法

水中健身活动一般以有氧负荷强度为主，练习中的心率应尽量保持在有氧练习的目标心率范围。不同年龄、体质的练习者该心率范围有所不同，可以根据下面的方法计算出适合自己的目标心率范围。

第一步：计算自己的最高心率＝220－年龄。

第二步：测量安静心率（晨脉）。早晨自然醒后，不要起床，连续测量三个1分钟的心率，取最低值。

第三步：计算最高心率与安静心率之间的差值，即心率储备。心率储备＝最高心率－安静心率。

最后，确定自己有氧练习目标心率范围。

有氧练习目标心率的下限＝（55%×心率储备）＋安静心率－10

有氧练习目标心率的上限 = （85% ×心率储备） + 安静心率 - 10

公式最后减去 10，是因为该公式来源于陆地上有氧练习的目标心率范围计算方法。由于在水中受到浮力的作用，对心血管系统的刺激强度低于陆上运动，因此减去 10 次。

根据上述计算方法，如果某人 35 岁，安静心率是 65 次/分，我们可以计算出其有氧练习的目标心率范围是 121 ~ 157 次/分。那么在进行水中健身活动中，只要其心率保持在上述范围内，就可以获得有氧练习效果。为了在练习中测量方便，可以测量 10 秒钟的心率，然后乘以 6，如上述某人每 10 秒钟的有氧练习目标心率为 20 ~ 26 次。

（二）自我感觉测定法

自我感觉测定法是美国生理学家博格设计的一种体力自我感知表（简称 RPE 表）。此方法在医学界已沿用 40 多年，最初是用于运动生理学家和医生们在为病人做运动测验时，利用这个量表与病人保持沟通，受测者在练习过程中可以立即描述出当时主观上感觉的吃力程度。现在用这个表是在运动过程中，练习者通过自我感觉运动即刻疲劳程度，对自己的练习强度做一个自我运动负荷的评定方法。自我感觉法表现形式上是心理的，但反映的却是生理机能的变化。当然，此方法也适用于体能教练在指导学员时使用，它的使用方法比较灵便，可以单独使用，也可以与测量心率法同用，以监测运动强度是否适当。由于自我感觉法能够直接、快速地反映出练习者的身体负荷强度，因此也是指导健身者本人随时了解、调节自身运动负荷的方法之一。主观运动强度 RPE 测定法是由 6 ~ 20 的 15 个主观感觉等级组成，奇数等级各有不同的负荷强度感觉描述，共有 7 个负荷强度感觉描述并具有相应的分值。建议经常参加运动的人，运动感觉等级在 12 ~ 15 之间，中老年人运动感觉以 11 ~ 13 级为参考等级。（表 5 - 3）

表 5－3　主观运动强度（RPE）测定表

RPE	主观运动感觉	相对强度（%）	相应心率	运动方式或机体表现
6	非常轻松	0.0	70	休息、阅读
7		7.1		
8	很轻松	14.3	90	穿衣
9		21.4		
10	比较轻松	28.6	110	在家中：如走向厨房
11		35.7		
12	稍费力	42.9	130	户外慢步，或准备活动时
13		50.0		
14	费力	57.2	150	快步走或运动中期
15		64.3		
16	很费力	71.5	170	呼吸急促，说话时气喘
17		78.6		
18	非常费力（接近最高）	85.8	195	快速跑
19		95		
20	最高	100	最大心率	力竭

第三节　阶段健身练习计划的制定

参加水中健身的人经过前期有针对性的初始状态诊断及评价后，就可以开始有目的地进行阶段练习计划的制定了。水中健身练习由于是一个大众健身练习项目，它没有竞技体育比赛对肌体能力要求那么高，因此，在进行阶段练习计划的制定过程中，对于阶段的时间划分可长可短，比较灵活。如对于健康状况良好、练习目标明确、不怕水、有过其它运动经历的人，在制定水中阶段练习计划时，可以以一个月为一个练习阶段，下一个阶段练习计划在此基础上逐渐提高练习质量；对于初次参加水中健身，没有运动基础又怕水或是年长的练习者，在制定阶段练习计划时，可以将练习计划适当延长，让他们有充裕的时间逐渐适应，循序渐进地提高练习负荷，使身体机能得到提高，最终达到练习目的，最后随着机体能力的提高，健康状况慢慢地好转，在下一个周期练习计划的制定时，可以根据练习者的情况增减练习周期及练习时间；对于病患者，在陆上练习有困难需要进行水中康复的人，在制定水中健身练习计划时，各阶段的练习时间安排应根据患者的实际情况调整阶段练习时间。正常情况下，由于机体机能的提高是通过每节课的练习计划来完成的，因此，在制定好月计划后，再将月计划，划分为周计划，周计划再具体到每一次课的课计划来实现健身目标。

下面以一组为有水中健身练习经验、身体健身状况良好的人群所制定的水中健身月计划、周计划及课计划为例。

一、水中健身月计划

练习对象：身体健身状况良好，有过水中健身练习经验的人群。

练习目标：通过4周四个小阶段的练习，提高机体有氧能力，柔韧性及平衡能力；发展肌肉力量；达到塑身的目的。

练习时间：3~4次/周，45~60分钟/课。

表5-4　水中健身月计划

周	练习目标	练习内容	练习强度	场地器材
第一周	提高有氧能力；发展柔韧性	1. 水中各方向的走、跑、跳等练习 2. 上下肢拉伸练习、踢腿练习 3. 水中健身操、健身棒	中低强度有氧心率，呼吸保持平稳，不感觉太喘。	健身棒
第二周	提高有氧能力；发展肌肉力量；改善平衡能力	1. 各种方向推水、划水练习 2. 下肢力量练习 3. 水中太空步（深水）	中低强度有氧心率，呼吸保持平稳，中强度练习占60%。在练习过程中主观运动感觉有点费力。	浮力腰带 阻力手套 阻力葵

续表

周	练习目标	练习内容	练习强度	场地器材
第三周	提高有氧能力；发展肌肉力量	1. 水中瑜伽，水中太极，水中搏击 2. 肌肉力量练习	中低强度有氧心率，呼吸保持平稳，中强度练习占60～75%。第二天精神饱满。	阻力葵 浮板
第四周	提高有氧能力 提高肌肉力量及关节柔韧性	1. 各种方向推水、划水练习 2. 下肢肌肉力量练习 3. 水中悬浮跑（深水） 4. 身体关节的拉伸练习	以中强度练习为主，中强度练习占65～80%。在练习过程中呼吸有点喘的感觉，但不会影响第二天的工作。	浮力腰带 阻力手套 阻力葵

二、水中健身周计划

练习对象：身体健身状况良好，有过水中健身练习经验的人群。

练习目标：通过一周3～4次课的练习，提高学员机体有氧能力，肌肉力量；发展柔韧性；协调性及平衡能力。

练习时间：3～4次/周（建议隔天进行水中健身练习），45～60分钟/课。

表5－5 周水中健身计划

课次	练习目标	练习内容	练习强度%	场地器材
课次一	提高有氧能力；发展柔韧性	准备活动：陆上体操 基本练习：水中徒手健身操、健身棒操各一套； 结束部分：肌肉及身体关节的拉伸放松练习	中低强度有氧心率，练习过程中保持呼吸平稳。平均心率≈120次/分	浅水： 健身棒

续表

课次	练习目标	练习内容	练习强度%	场地器材
课次二	提高有氧能力；发展上下肢肌肉力量；改善平衡能力	准备活动：陆上体操 基本练习：水中太空步行走；水中悬浮跑；配戴阻力手套配合悬浮跑的推水；划水练习。 结束部分：悬浮在水中的肌肉及身体关节的拉伸放松练习	中低强度有氧心率，在进行水中练习过程中，中等强度练习占本次课的60%。 150次/分≥心率≥110次/分	深水： 浮力腰带 阻力手套 阻力葵
课次三	提高有氧能力；发展肌肉力量；发展柔韧性	准备活动：陆上体操 基本练习：水中跑跳；水中太极操；水中搏击操各一套 结束部分：水中肌肉及身体关节的拉伸放松练习	中低强度有氧心率，呼吸保持平稳，中高强度练习占本次课的60~75%。练习后能够很快恢复，不影响第二天工作。	浅水： 阻力手套
课次四	提高下肢肌肉力量；发展腰腹肌力量，提高机体协调能力	准备活动：陆上体操 基本练习：水中悬浮跑；水中各种组合的下肢力量练习如悬浮踢腿，高抬腿，剪腿等练习 结束部分：悬浮在水中的肌肉及身体关节的拉伸放松练习	中强度有氧心率，在练习过程中呼吸有点喘的感觉。 170次/分≥心率≥120次/分	深水： 浮力腰带 阻力手套 阻力葵

三、水中健身课计划

水中健身练习计划的实施是由具体课计划构成实现的，因此每次课计划应该具体、明了。在确定了课练习目的后，确定本次课的强度及练习方式。在强度练习的选择中，应注意器械、水位及音乐节奏的选择。

（一）课的组成

水中健身练习可以在深水池也可以在浅水池中进行，可选用器械练习也可徒手进行练习。一堂水上健身课计划的制定基本上由三部分组成：准备部分；基本部分、结束部分。本次课的水位是1.20米浅水池，练习目标为加强心血管系统功能，提高上肢力量及腰腹肌力量的水中有氧健身课。时间为45分钟。

（二）课的时间安排

由于人体各器官系统的工作效率是在运动开始后逐步提高，心率随运动的开始最先达到有效靶心率，其次才是心输出量、吸氧量和氧脉博。人体在通过一段时间的运动后，从相对安静状态到进入适宜强度的运动状态的过程，只是完成了克服生理惰性、激发和动员心脏储备力的工作，这样的运动强度只有在持续5分钟以上时才会对机体产生良性刺激，在基本部分的练习结束后，应逐渐降低负荷强度，继续运动5分钟，其目的是使人体由较为紧张的肌肉活动状态过渡到放松状态，以利于身体恢复。因此一堂完整的水中健身课程安排在45~60分钟为宜。本次45分钟课课程时间安排为：准备部分10分钟，包括陆上及水中准备活动部分；基本部分为30分钟；结束部分5分钟。

（三）课的内容安排

1. 准备部分

水中健身课准备部分是由陆上及水中两部分组成，因此，准备活动部分应包括陆上准备活动及水中准备活动。陆上准备活动通常采用基本体操，体操的顺序为由头到脚，幅度由小到大，通过主动或被动的拉伸等，使身体慢慢发热，为下水做好充分的准备。水中准备活动通常采用水中行走、水中大步走、侧步走、交叉步及原地跑跳等练习，由于水中阻力较大，行走比较困难，所以在行走过程中，可以让学员通过手臂的划水动作协助配合身体在水中前行。准备部分结束后，身体各机能调动了起来，表现为呼吸平稳、心率在110次/分左右。

2. 基本部分

根据练习者的身体水平和学习情况，安排课的练习内容，合理分配练习时间和休息时间，可以通过复习之前学习的内容，然后再过渡到新学内容。学习和练习新内容时，注意先做分解练习，然后再进行完整练习，由于水中练习时受水的阻力影响，因此在岸上领操员要注意放慢动作节奏以适应水中学员的完成速度。为了能够更多地划到水，要求练习者尽量保持手掌打开，对于力量弱的人，可以通过臂屈的方式缩小阻力臂，完成划水练习；在进行力量练习时，要提醒学员将注意力放在用力的肌肉上；如胸肌、背肌或是肱三头肌等，以提高练习效率；在进行腰腹力量练习时，除在做收腹练习需躯干参与运动外，其它无论是仰卧、侧卧运动时，躯干尽量保持不动，主要通过腹肌收缩进行练习。练习过程中，要及时纠正学员的错误动作，分析错误原因，根据练习者的完成情况，适当地降低或是增加练习难度和强度，以达到最佳练习效果。此外音乐的选择也非常重要，适合的音乐曲调和节奏，有助于练习者更加轻松、愉悦地进行水中健身活动。

在练习过程中，要合理地穿插休息时间，放慢练习节奏，调整呼吸，随时进行学员的脉搏测试，或通过观察学员面色来判断运动量的大小，强调安全也是水中健身课的重要环节。

3. 结束部分

基本部分结束后的放松练习非常重要，它是在教练的带领下，通过调整练习负荷，指导练习者进行拉伸，将运动心率逐渐恢复到运动前水平。其目的是及时排除运动后体内的乳酸，通过深呼吸等练习，吸入氧气，呼出二氧化碳，保持机体酸碱平衡，迅速消除疲劳。

以北京体育大学水中健身课程单次课的教案格式模板为例，见表5－6。

表5－6　北京体育大学水中健身课程教案格式

授课周次　1　周　1　次　授课对象　*****　日期　****.**.**

课的任务　1. 学习水中有氧健身操的基础知识。

2. 学习初级水中徒手有氧健身操，提高学生的兴趣与积极性。

3. 培养学生刻苦学习与吃苦耐劳精神。

部分	时间	练习内容	分量	组织教法
开始部分	5分钟	课的开始： 1. 集合，师生问好 2. 点名，报告人数 3. 介绍本次课的任务 4. 安排见习生		队形： ▲ ×××××××××××××× ×××××××××××××× 要求：快、静、齐

续表

部分	时间	练习内容	分量	组织教法
准备部分	10分钟	徒手操8节 头部运动　肩部绕环 扩胸运动　振臂运动 体转运动　腹背运动 弓步压腿运动 侧压腿运动	4×8拍	队形：四列横队散点列队 ▲ × × × × × × × × 要求：动作整齐，充分活动关节和肌肉群。 要求： （1）成体操队形一臂间隔散开。 （2）保持每个动作的正确。 （3）认真体验肌肉关节的抻拉，幅度要大。
基本部分	10分钟	一、讲解水中健身操基本知识 二、陆上模仿 内容：学习全国水中健身操规定动作5个。 1. 长城万里 动作要领： （1）下肢向体侧迈出侧面移动，下肢呈半蹲姿势。 （2）上肢手臂做侧平举打开，掌心相对在胸前直臂交叉。 （3）一边1次或2次以上后，进行反方向重复完成。 2. 大开大合 动作要领： （1）双腿在水中进行开合跳跃动作（落地时还可以变换反向）。 （2）双臂在水中做侧平举打开和掌心相对手腕交叉动作。	2×8×8拍	讲解： 1. 介绍水中健身操是什么。 2. 水中健身操的运动价值。 目的：让学生对水中健身有一个大致的印象。 要求： 1. 水中移动时，手腿配合同时运动，手心相对，体会水的阻力。 2. 移动时注意保持身体的平衡。 要求： 1. 分腿屈膝蹲时，两脚自然外开。 2. 膝关节沿脚尖方向屈，膝关节夹角不小于90度， 要求： 1. 膝盖伸直，尽可能地贴池底向前后方迈大步滑出去。 2. 掌心向上，手掌时刻保持对水面，体会划水时水的阻力。

续表

部分	时间	练习内容	分量	组织教法
基本部分	20分钟 15分钟	3. 踏雪寻梅 动作要领： 1. 双腿直膝，前后交替在池底滑动走步。 2. 掌心向上，双臂直臂前后交替划水。 4. 风中杨柳 动作要领： (1) 两腿分开与肩同宽，呈半蹲姿势，双臂始终保持于水平面。 (2) 掌心向前，至下向前弧形推水，屈髋臀部后翘。 (3) 掌心向后，至体向前后弧形推水，伸髋身体向前挺出，交替进行。 5. 马踏飞燕 动作要领： (1) 掌心向上对水双臂直上抬，身体前倾，前腿做弓箭步，另一腿向后上抬。 (2) 掌心向后双臂至体前向后划水，同时后腿屈膝，顶胯膝盖靠近胸部。 (3) 掌心向上双臂至体后向前划水，双臂前伸，前脚落地，后脚上抬。 三、水上练习 (一) 水中热身 1. 掏水行走 动作要领： (1) 下肢在水中做弓步行走，上肢做交替。 (2) 手臂做前掏水动作，上下肢配合起来。	2×8×8拍 2×8×8拍 3×50米 4×8×8拍	要求： 1. 髋部及两臂在动作中进行最大限度的伸展运动。 2. 双臂在体侧做从前至后的划手动作。 3. 在进行动作练习时，注意身体位置始终保持直立状态。 要求： 1. 吸腿时膝盖尽量触胸，后摆的动作要充分，保持大腿伸直。 2. 尽量大幅度地完成动作，手臂协调配合保持身体的平衡和稳定。 3. 手掌对水，前后摇摆时注意顶胯，体会水的阻力。 队形：两纵队横队 ▲ × 要求： 在水中行进中注意安全，要求膝盖上抬向前迈步，尽可能避免出现中间断开现象。 队形：  1. 易范错误： 双手在水下拨水时没对准水，划水时手臂容易出现弯曲的现象，身体位置过高，肩部超出水平面。 纠正方法： 要求学生扩大步伐，手臂在水下划水尽可能的深，要收紧，保持肩部在水平面。

续表

部分	时间	练习内容	分量	组织教法
基本部分	20分钟	2. 僵尸跳 动作要领： 下肢在水中跳跃，上肢做双臂的前掏水动作。 （二）水中规定动作练习 1. 长城万里 2. 大开大合 3. 踏雪寻梅 4. 风中杨柳 5. 马踏飞燕	4×8×8拍 4×8×8拍 4×8×8拍 4×8×8拍	2. 易范错误： 在水中进行开合跳，变化方向时身体容易出现摇晃情况，身体位置太高。 纠正方法： 在变化方向时，要求收紧腰部，利用躯干的力量改变运动的方向，要求肩部适中保持在水平面。 3. 易范错误： 在水中行进中步伐小，出现同手同脚和弓步行走的现象。 纠正方法： 要求左手右脚，右手左脚行走，双腿尽可能地贴池底在水中直腿行走。 4. 易范错误： 身体位置太高，动作幅度偏小，身体位置不稳。 纠正方法： 双脚分开比肩宽，保持肩部在水平面上，要求尽可能地伸髋和屈髋。 5. 易范错误： 容易出现同手同脚现象，身体位置不稳。 纠正方法： 始终保持肩部在水平面，扩大动作幅度，适当地减慢速度，体会水中的阻力。
结束部分	10分钟	1. 集合、清点人数。 2. 小结、及同学的表现和教学效果。 3. 明确下节课的学习内容。		
见习生安排		教学助手、布置和回收辅助器材	运动量	
课后小结				

思考题

1. 对初次参加水中健身的人怎样进行诊断与评价?
2. 制定水中健身计划时应遵循哪些原则?
3. 试为首次参加水中健身学员制定一份水中健身周计划。

推荐读物

1. 野村武男．章耀远,译．水中健身运动[M]．北京:人民体育出版社,2002.08.
2. 朱笛,温宇红．水中健身[M]．北京:人民体育出版社,2007.

参考文献

[1]朱笛,温宇红．水中健身[M]．北京:人民体育出版社,2007.
[2]野村武男．章耀远,译．水中健身运动[M]．北京:人民体育出版社,2002.08.

第六章　水中体能训练

本章教学提示

1. 初步了解水中体能训练的概念、分类。
2. 深入了解水中体能训练对人体健康的促进作用。
3. 学习和运用水中一般体能训练的方法与手段。

关键术语

体能、水中体能、训练、作用、方法

第一节　水中体能训练的作用

一、水中体能训练概述

（一）水中体能及水中体能训练的概念

水中体能是指人在利用水的物理特性进行合理负荷的动作练习时，各器官系统表现出的综合能力。这些综合能力包括身体形态、身体机能、身体素质和健康。身体机能是指呼吸系统，循环系统，神经系统，运动系统，消化系统，脉管系统，泌尿系统，内分泌系统及生殖系统九大系统的整体综合功能；身体素质主要包括基本活动能力（走、跑、跳、投、攀、爬、悬垂、支撑等能力）和运动素质（力量、速度、耐力、柔韧、灵敏等）。其中，身体机能和身体素质是最重要的决定因素，身体形态和健康是形成良好体能的基础。

水中体能训练是指人在利用水的物理特性进行合理负荷的动作练习，以发展机体能力的训练过程。它是运动训练的重要组成部分。

（二）水中体能训练的分类

根据对机体作用的不同，水中体能训练分为水中健康体能训练和水中竞技体能训练。（表 6 – 1）

表 6－1　健康体能与竞技体能的比较

	健康体能	竞技体能
目标	健康	胜利
对象	全民	运动员
属性	一般	特殊
要求	适度	高度
时间	终身	短暂
结果	与努力成正比	不一定会成功

引自：杨宜青．体能活动与健康［J］．2010

水中体能训练是以提高普通人的身体形态、身体机能、身体素质和健康为目的的训练过程；水中竞技体能训练则是结合水中运动专项的需要，以改善运动员身体形态，提高机体各器官系统的综合机能，充分发展运动素质，促进技战术水平提高和创造优异运动成绩为目的的训练过程。

二、水中体能训练对人体健康的作用

（一）对人掌握和提高水中基本活动能力的作用

体能是人的基本活动能力和身体素质的重要构成要素，体能是人学习掌握和提高运动能力的前提与必要条件。良好的体能是技术学习的基础，是技术提高的保障，这在水中项目中也相当明显。由于水的阻力是空气的 800 多倍，因此在水中活动会受到非常大的阻力，这就需要良好的体能做保证。良好的体能能促进普通人充分、娴熟地掌握水中基本活动能力，使其通过水中锻炼增进身心健康、预防各种疾病，并提高工作效率、提升生活品质。良好的体能不仅有利于水中项目运动员掌握复杂、先进的技术，还有利于快速、高效地改进提高运动技术和提高运动成绩。

游泳、水球、花样游泳等水中竞技运动的一个重要特征是要求运动员掌握先进的技术，不断提高运动技术水平。因此，作为竞技运动能力主要因素的力量、速度、耐力、柔韧、灵敏等身体素质的发展水平，对先进技术的掌握和运动成绩的提高起着决定作用。如果把体能与运动技术、战术以及运动成绩的关系做个形象的比喻：运动成绩就犹如一栋高楼，技术、战术则如构筑高楼的钢筋水泥，而体能则如高楼的地基。盖高楼首先要打牢地基，若地基不牢，钢筋水泥就竖不起来，高楼大厦也就无从谈起了。实践已经证明：体能十分重要，游泳、水球、花样游泳等运动员的体能提高了，发展技术水平才有可能。

（二）对提高运动员承受大运动量和高强度负荷的作用

水中体能的发展促使水中项目运动员器官、系统、形态的进一步优化，促使呼吸、循环、运动、神经等九大系统机能的全面提升，运动员的力量、速度、耐力、柔韧、灵敏以及身体成分、三大供能系统、对外界环境适应、心理调节等方面综合机能的发展，大大提高了水中项目运动员承受大运动量和高强度负荷训练、比赛的能力。现代竞技运动技术水平不断提高，比赛次数也逐年增加。运动员若要不断地提高运动成绩，就必须通过大运动量和高强度负荷的运动训练。然而，只有良好的体能水平才能保证机体适应大负荷训练的需要，否则，训练后疲劳不易恢复，甚至损伤机体的健康，影响训练效果。

体能的提高，促使运动员在疲劳产生时各器官系统能继续保持相对高效、稳定、持续的工作能力，保证了技术动作质量，技战术的贯彻执行，从而有利于运动员在训练、比赛中保持稳定发挥，保持良好的心理状态。有了良好的体能做保证，运动员就有挑战极限的底气，就有永不放弃的拼搏意志，就有关键时刻必胜的信念。这往往能激发运动员的潜力，使其飞跃提高。

（三）对预防运动员伤病和延长运动寿命的作用

体能的提高有利于运动员预防伤病和延长运动寿命。优异的运动成绩是建立在体能高度发展的基础上的，机体能力发展水平越高，其衰退速度就越慢，保持时间也就越长。这样，专项技术、战术发挥与保持的时间相应就会更长，运动水平衰退速度也就更慢，运动员就能更长久地保持较高竞技运动能力。如果运动员的体能水平与技术水平不能适应，运动寿命就会过早夭折。同样，如果体能水平没有得到高度发展，那么机体能力保持时间将会减少，衰退速度将会加快，也会直接影响运动水平的发展与保持。我国部分运动员过早地结束了运动生涯，其原因很大程度上就在于此。

第二节 水中体能训练的方法

水中体能训练可促进普通人的体态健美、身体机能增强、身体素质提高，达到健康的目的，也可帮助伤病患者及残障人群进行保健、康复锻炼，缓解伤患情况，改善体质，从而提高生活质量。下面介绍一些常见的水中体能训练方法，这既可指导游泳运动员发展体能基础，也可以根据具体情况作为普通人群、伤病患者及残障人群锻炼的良好借鉴。

一、水中力量素质的训练方法

力量素质是指人体神经肌肉系统在工作时克服或对抗阻力的能力。力量素质按照对专项的作用可分为一般力量和专项力量。

一般力量是指在进行非专项活动时肌肉收缩产生的力量大小。水中一般力量训练可采用划手掌、脚蹼、浮板、浮力棒、负重带等器材增大负荷，通过抗阻运动来达到发展一般力量的目的。由于水的阻力作用，动作往返时能达到对称发展参与运动相关肌群的力量。练习的水深一般为 1.1 ~ 1.3 米深。下面介绍一些常见的训练方法。

（一）水中上肢与肩带力量训练方法

上肢、肩带水中一般力量素质的常见训练方法见表 6 - 2。

表6-2　上肢与肩带水中一般力量训练方法

肌肉训练内容	主要发展肌肉	使用器材情况	图列
体侧屈臂上下划水	肱二头肌、肱三头肌、三角肌、肱肌、肘肌、肱挠肌、旋后肌、前臂、腕部和手指肌群	徒手、划手掌	图6-1
体前夹肘上下划水	肱二头肌、肱三头肌、肱肌、肘肌、肱挠肌、旋后肌、前臂、腕部和手指肌群	徒手、划手掌	图6-2
体侧屈臂左右划水	肱二头肌、肱三头肌、三角肌、胸大肌、背阔肌、肘肌、腕部和手指肌群	徒手、划手掌、浮板	图6-3
胸前屈臂平推水	肱二头肌、肱三头肌、三角肌、胸大肌、胸小肌、背阔肌、肱肌、肘肌、腕部和手指肌群	划手掌、浮板	图6-4
体前直臂上下划水	三角肌、斜方肌、胸大肌、胸小肌、背阔肌、肩袖（冈上肌、冈下肌、小圆肌、肩胛下肌）	徒手、划手掌	图6-5
直臂前后划水	三角肌、冈上肌、斜方肌	徒手、划手掌	图6-6
体侧直臂上下划水	三角肌、冈上肌、斜方肌、胸大肌、背阔肌	徒手、划手掌	图6-7
直臂飞鸟	大菱形肌、小菱形肌、后三角肌、斜方肌、冈下肌、大圆肌、小圆肌	徒手、划手掌、浮板	图6-8

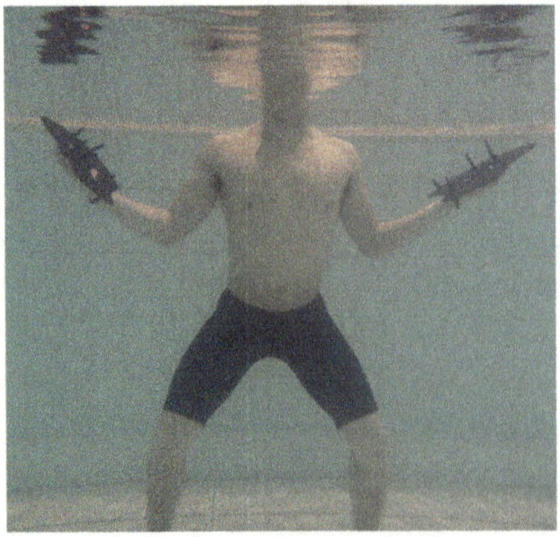

图6-1　体侧屈臂上下划水

图6-2　体前夹肘上下划水

图6－3　体侧屈臂左右划水

图6－4　胸前屈臂平推水

图6－5　体前直臂上下划水

图6－6　直臂前后划水

图6-7　体侧直臂上下划水

图6-8　直臂飞鸟

（二）水中腹背部力量训练方法

腹部、背部水中一般力量素质的常见训练方法有（表6-3）：

表6-3　腹背部水中一般力量训练方法

肌肉训练内容	主要发展肌肉	使用器材情况	图列
水中仰卧起坐	腹直肌、腹外斜肌、腹内斜肌、腹横肌、股直肌、髂腰肌	徒手	图6-9
燕式平衡直臂体侧转体划水	腹直肌、腹外斜肌、腹内斜肌、腹横肌、腰大肌、股直肌、股二头肌、半键肌、半膜肌	徒手、划手掌	图6-10
浮力棒仰卧控体	腹直肌、腹外斜肌、腹内斜肌、腹横肌、股直肌、髂腰肌	浮力棒	图6-11
浮力棒仰卧收腿	腹直肌、腹外斜肌、腹内斜肌、腹横肌、股直肌、髂腰肌	浮力棒	图6-12
浮力棒仰卧屈腿转体	腹直肌、腹外斜肌、腹内斜肌、腹横肌、腰大肌、股直肌、前锯肌、髂腰肌	浮力棒	图6-13

续表

肌肉训练内容	主要发展肌肉	使用器材情况	图列
双臂背后上下划水	背阔肌、斜方肌、大菱形肌、小菱形肌、大圆肌、后三角肌、肱二头肌	划手掌	图6－14
屈臂体侧上下划水	背阔肌、斜方肌、大菱形肌、小菱形肌、大圆肌、三角肌、肱二头肌、肱三头肌、胸大肌、肱肌	划手掌	图6－15
池壁半俯卧支撑	竖脊肌、臀大肌、股二头肌、半键肌、半膜肌	徒手	图6－16
池壁半侧卧支撑	腹直肌、腹外斜肌、腹内斜肌、前锯肌、股直肌、臀大肌、臀中肌、股二头肌、半键肌、半膜肌	徒手	图6－17
池壁半仰卧支撑	腹外斜肌、腹内斜肌、前锯肌、腹直肌、股直肌、臀大肌、臀中肌、股二头肌、半键肌、半膜肌	徒手	图6－18

图6－9　水中仰卧起坐

图6－10　燕式平衡直臂体侧转体划水

图6－11　浮力棒仰卧控体

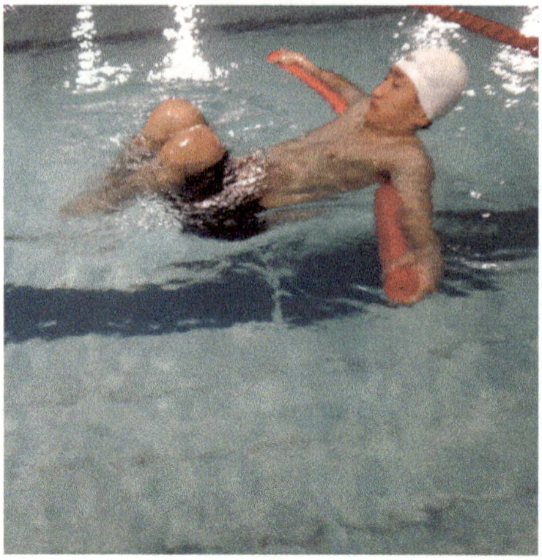

图6－12　浮力棒仰卧收腿

图6－13　浮力棒仰卧屈腿转体

图6－14　双臂背后上下划水

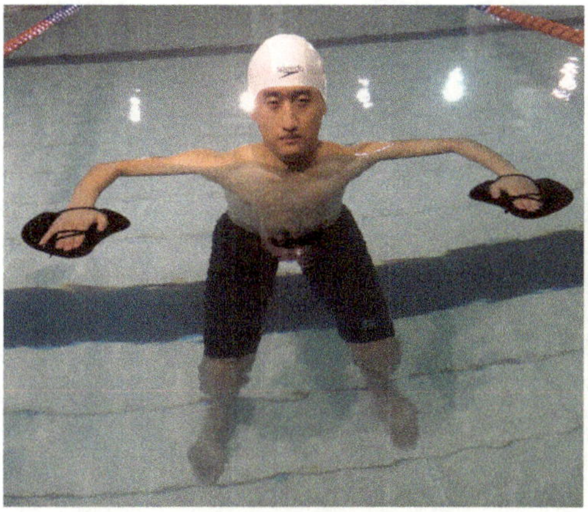

图6－15　屈臂体侧上下划水

图6－16　池壁半俯卧支撑

图6－17　池壁半侧卧支撑

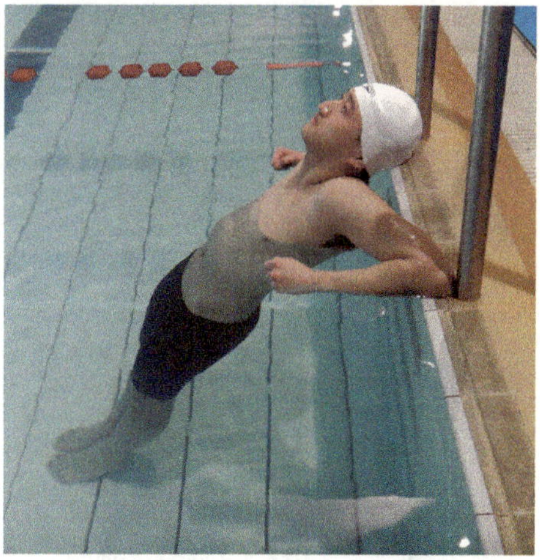

图6－18　池壁半仰卧支撑

（三）水中腿部力量训练方法

腿部水中一般力量素质的常见训练方法有（表6－4）：

表6－4 腹背部水中一般力量训练方法

肌肉训练内容	主要发展肌肉	使用器材情况	图列
踝关节内旋外旋	胫骨前肌和胫骨后肌、腓骨长肌和腓骨短肌、趾长屈肌和趾长伸肌、腓骨第三肌	脚蹼	图6－19
单腿前后摆	髂腰肌、股直肌、缝匠肌、阔筋膜张肌、耻骨肌、臀中肌、臀大肌、大收肌、短收肌、半膜肌、半键肌、股二头肌	脚蹼	图6－20
单腿侧摆	内收大肌、内收长肌、内收短肌、耻骨肌、股薄肌、腹横肌、腹内斜肌、腹外斜肌	脚蹼	图6－21

图6－19 踝关节旋内旋外

图6－20 单腿前后摆

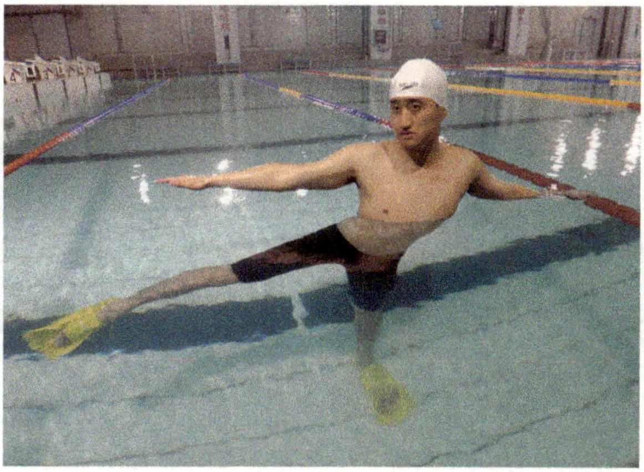

图6－21　单腿侧摆

二、水中速度素质的训练方法

速度素质是指人体快速运动的能力。包括人体快速完成动作的能力和对外界信号刺激快速反应的能力，以及快速位移的能力。

（一）水中动作速度练习方法

水中动作速度是让肢体进行30秒以内的快速抗阻运动，单位时间内动作次数越多越好。其方法如下。

1. 上肢动作速度练习

屈臂左右击掌（图6－22）、屈臂上下击掌（图6－23）、直臂左右击掌（图6－24）、直臂上下击掌（图6－25）、体前后交替击掌（图6－26，6－27）、前直拳（图6－28）、侧直拳（图6－29）、摆拳（图6－30）、上勾拳（图6－31）、上下格挡（图6－32）、左右格挡（图6－33）。

图 6－22　屈臂左右击掌

图 6－23　屈臂上下击掌

图 6－24　直臂左右击掌

图 6－25　直臂上下击掌

图6－26　体前后交替击掌（前击掌）

图6－27　体前后交替击掌（后击掌）

图6－28　前直拳

图6－29　侧直拳

图6-30 摆拳

图6-31 上勾拳

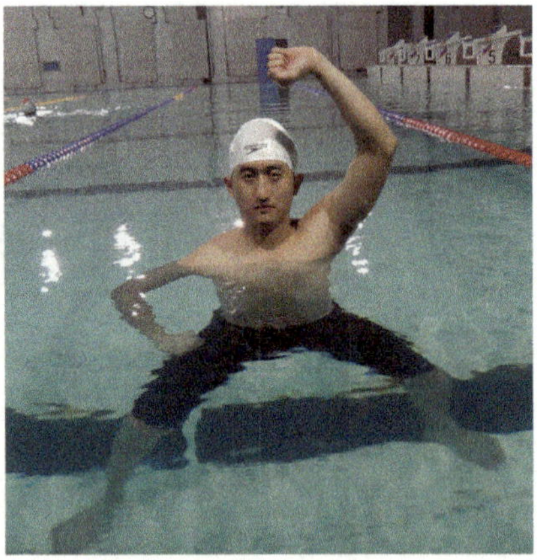

图6-32 上下格挡

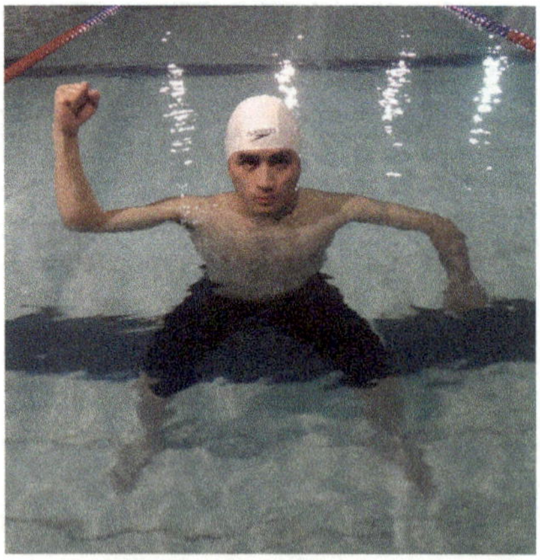

图6-33 左右格挡

2. 躯干动作速度练习

转体出拳（图6-34）、转体出肘（图6-35）、前后晃动避让（图6-36）、左右晃动避让（图6-37）。

图 6－34　转体出拳

图 6－35　转体出肘

图 6－36　前后晃动避让

图 6－37　左右晃动避让

3. 腿部动作速度

原地小步跑（图 6－38）、高抬腿（图 6－39）、前踢腿（图 6－40）、后勾腿（图 6－41）、原地收腹跳（图 6－42）。

图6－38　原地小步跑图

图6－39　原地高抬腿

图6－40　原地前踢腿

图6－41　原地后勾腿

图 6－42 原地收腹跳

(二) 水中移动速度练习方法

水中跑步专门练习

如，行进间小步跑、高抬腿、后蹬跑（图 6－43）、侧滑步（图 6－44）、交叉步（图 6－45）。

图 6－43 后蹬跑

图 6－44 侧滑步

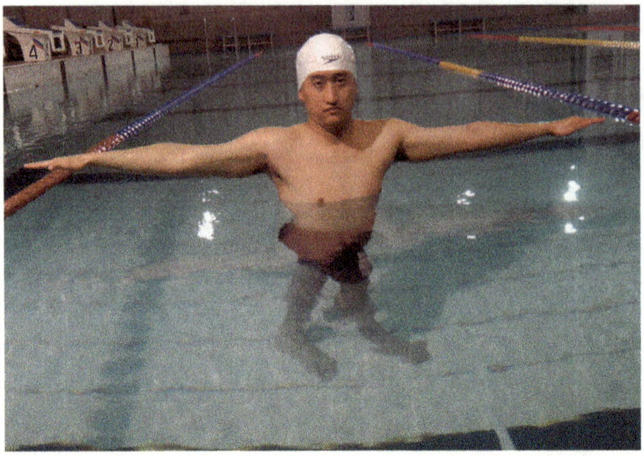

图 6－45　交叉步

三、水中耐力素质的训练方法

耐力素质是指有机体坚持长时间运动的能力。发展运动员水中耐力的一般训练常采用持续训练法。采用持续训练法是指不间断地连续游一定距离或者时间的训练方法，距离往往要超过比赛距离，游进的速度要低于比赛速度，采用匀速或变速进行练习的训练方法。其主要作用是稳定或提高机体的一般有氧供能能力。除了传统游泳专项训练中的耐力训练外，最常见的水中耐力训练方法是深水跑步，这是极好的体能训练方法，尤其对上肢受伤的运动员而言。练习时，尽管会感觉慢慢往水中下沉，但只要大体上保持原地踏步即可。也可以使用浮力设备配合训练，还可以不借助任何浮力设备进行训练提高训练的难度。

四、水中柔韧素质的训练方法

柔韧素质是指人体关节在不同方向上的运动能力以及肌肉、韧带等软组织的伸展能力。柔韧素质通过关节运动的幅度，也就是按一定的运动轴产生转动的活动范围而表现出来。当肌肉频繁使用时就会失去弹性，很容易疲劳，久而久之就会变得僵硬，如果得不到及时的牵拉以保持其柔韧性，活动的幅度以及功能会受到一定影响。

发展水中一般柔韧素质，常用水中拉伸练习、水中瑜伽等方法进行。水中瑜伽练习将在后面章节进行详细介绍，本部分主要对水中拉伸方法进行介绍。

（一）扶池壁收腿转体拉伸

练习要求：手扶池壁，收腿团身，脚蹬住池壁接近水面，然后分别向两侧尽力转体并拉伸8～10秒。可拉伸腰腹部侧面韧带和肌群。（图6－46）

图6－46　扶池壁收腿转体拉伸

（二）单腿挂池壁转体俯卧拉伸

练习要求：小腿挂在池壁上，身体向水下腿的同侧转体呈俯卧，尽力前伸双臂拉伸8～10秒。可拉伸腰腹部侧面与背部韧带和肌群。（图6－47）

（三）单腿扶池壁团身仰卧

练习要求：手扶池壁，收腿团身，脚蹬住池壁接近水面，然后仰卧伸直一条腿，勾脚拉伸5～10秒。可拉伸大、小腿根部韧带及膝后侧韧带。（图6－48）

图 6-47 单腿挂池壁转体俯卧拉伸

图 6-48 单腿扶池壁团身仰卧

（四）扶池壁体前屈拉伸

练习要求：手扶池壁，脚蹬住池壁接近水面，直腿体前屈拉伸 8～10 秒。可拉伸整条腿的后侧韧带。（图 6-49）

（五）扶池壁横叉拉伸

练习要求：手扶池壁，双腿成横叉分开并尽量接近水面，腿部贴池壁拉伸 5～10 秒。可拉伸大腿内侧、后侧韧带。（图 6-50）

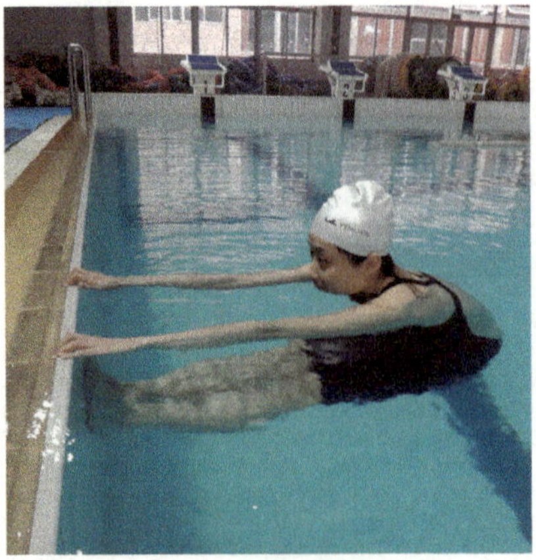

图 6-49 扶池壁体前屈拉伸

图 6-50 扶池壁横叉拉伸

（六）燕式平衡直腿摆腿

练习要求：手扶池壁成燕式平衡，直腿从身后经侧面向前水平摆腿拉伸，摆腿单次约 8 ~ 10 秒，然后再反向摆腿还原。可拉伸腰部、支撑腿大腿、摆动腿等韧带。（图 6 - 51）

图 6 - 51　燕式平衡直腿摆腿

（七）燕式平衡屈腿摆腿

练习要求：手扶池壁成燕式平衡，屈腿从身后经侧面向前水平摆腿拉伸，摆腿单次约 8 ~ 10 秒，然后再反向摆腿还原。可拉伸腰部、支撑腿大腿、摆动腿等韧带。（图 6 - 52）

图 6 - 52　燕式平衡直腿摆腿

（八）扶壁挺身拉伸

练习要求：手置于背后扶池壁，脚靠壁站立，尽力挺身拉伸8~10秒。依照个人肩关节柔韧性可以采用窄握距、中握距和宽握距。可拉伸肩部韧带、小肌群及腰腹部韧带（图6－53）。

拉伸（窄握）

拉伸（中握）

拉伸（宽握）

图6－53　扶壁挺身

思考题

1 水中体能训练的概念和分类。

2 水中体能训练在哪些方面可以借鉴陆上体能训练，二者在哪些方面可以相互借鉴?

3 你对游泳运动员水中柔韧和水中灵敏训练有何建议?

推荐读物

1. 杨世勇，等．体能训练学[M]．四川：四川科学技术出版社，2001. 12.

2. 大卫·萨罗，斯科特·瑞沃德．游泳专项体能训练[M]．北京：北京体育大学出版社，2010.

参考文献

［1］郑闽生．肌纤维与游泳训练［J］，游泳季刊，1997，52（4）：15－17.

［2］赵雷．年龄组游泳训练中水上辅助器材应用研究［D］，北京：北京体育大学硕士毕业学位论文，2010：18－19.

［3］杨宜青．体能活动与健康［J］，成大体育，2010. 36（1）.

［4］全国体育院校教材委员会审定．运动训练学［M］．北京：人民体育出版社，2000. 8.

［5］杨世勇，等．体能训练学［M］．四川：四川科学技术出版社，2001. 12.

［6］全国体育院校教材委员会审定．游泳运动［M］．北京：人民体育出版社，2001. 10.

［7］杨桦，等．运动训练学导论［M］．北京：北京体育大学出版社，2007. 10.

第七章　其他水中活动

本章教学提示

1. 本章节主要是介绍以水中瑜伽、水中太极、水中搏击、水中游戏为代表的其他水中活动。

2. 丰富读者对水中健身活动形式的认识，了解不同水中健身活动的练习方法。

3. 增加人们对水中活动的兴趣和热情，帮助练习者在今后的水中活动中，更好、更有效地进行健身活动。

关键术语

水中瑜伽、水中太极、水中搏击、水中游戏

第一节　水中瑜伽

水中瑜伽是一项利用水的特性，巧妙结合传统瑜伽练习方法的创新运动形式。在水环境的保护下，水中瑜伽练习更不易使身体产生损伤，同时也可以帮助减轻传统瑜伽可能会带来的身体疼痛；水中瑜伽还能帮助锻炼身体内部各器官以及韧带肌肉，进而重塑身形、强身健体，同时还能达到愉悦身心的作用。

一、水中瑜伽练习方法

（一）水中山式双臂向上伸展式

【练习方法】

1. 水中山式站姿：双脚双膝并拢站立水中，脚趾平放于池底，双臂伸直自然垂放于身体两侧，抬头挺胸，目视前方。（图 7－1）

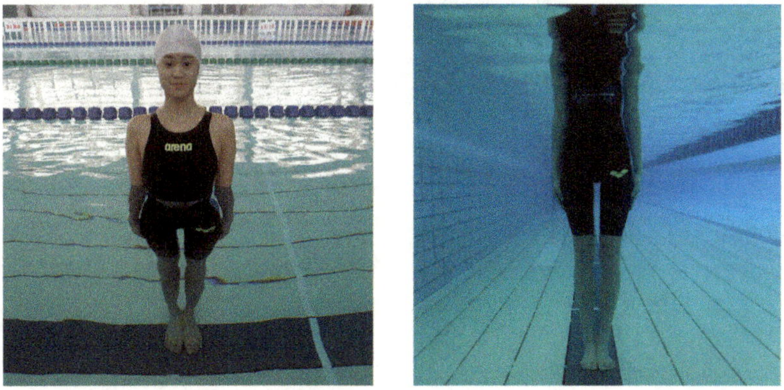

图 7－1　水中山式站立

2. 吸气，双臂经体侧抬出水面，延肩的延长线向上伸展，掌心相对，肘关节绷直，眼睛平视前方，双膝保持并拢，臀部和腹部收紧。保持自然均匀呼吸。（图7－2）

图7－2　水中山式双臂向上伸展

3. 呼气，双臂自然放下落入水中。

【练习功效】

这个体式能够帮助纠正不正确的站姿动作，拉伸脊柱，改善双肩僵硬、肩周炎等症状，对调整呼吸也能起到一定帮助。

（二）水中幻椅式

【练习方法】

1. 水中山式站立；双臂经体侧从水中抬出水面向上伸直过头，两掌相合。（图7－3）

图 7－3　两掌相合，向上伸直

2. 呼气，双腿弯曲，身体坐入水中，注意身体位置不要前倾，胸部尽可能挺直，眼睛目视前方。(图 7－4)

图 7－4　双腿屈膝

3. 自然均匀呼吸两次后，头向后仰，眼睛向上看，胸部进一步展开，保持这一体式 15 ~ 20 秒。（图 7 - 5）

图 7 - 5　屈膝后仰

4. 呼气，眼睛向前看，双腿伸直，双臂自然放下落入水中，还原成山式站立水中。

【练习功效】

这个体式能够帮助拉伸肩部和脊柱，增加背部肌肉力量，缓解肩部及颈椎僵硬等症状；同时还能让腿部肌肉更加匀称。

（三）拜月式

【练习方法】

1. 山式站立水中，双手合十位于胸前；吸气，双手向上延伸，双臂举起夹紧双耳。（图 7 - 6）

图 7－6　双臂合十伸展

2. 呼气，身体左侧弯，眼睛注视前方，保持身体挺直，维持这个体式进行 5 次呼吸；然后，吸气，身体回正（图 7－7－1）。以同样的呼吸次数及动作要领进行右侧练习（图 7－7－2）。

图 7－7－1　左侧弯曲

图 7－7－2　右侧弯曲

3. 双腿分开与肩同宽，身体前倾，双臂合十沿水面向前伸展，眼睛注视前方，下巴贴近水面（图7－8），保持5次呼吸后，身体抬起还原；接着向左侧平移转动（图7－9－1），放松呼吸5次后，还原前伸身体位置，最后再向右侧平移转动（图7－9－2）。

图7－8　手臂前伸

图7－9－1　左侧伸展

图7－9－2　右侧伸展

4. 左右前后方向均完成后，放下双臂，双腿并拢，还原成山式站立水中。

【练习功效】

这个体式可以帮助消除腰部、腹部多余脂肪，并且可以增加脊柱、髋关节的柔韧性和灵活性。

（四）水中战士第一式

【练习方法】

1. 水中山式站立；双臂从水中抬出水面向上伸直过头，掌心相对，双脚分开至2倍肩宽的位置。（图7－10）

图7－10 双脚分开，双臂伸直

2. 呼气，身体向右侧转动，同时右脚在池底向右转90°，左脚也略向右转动，注意此时双臂仍保持向上伸直。（图7－11）

图7－11 直臂左转

3. 屈右腿成弓步姿势，身体重心前移，左腿伸直，膝盖绷直，左脚不能离开池底，上身仍保持伸直，胸部逐步展开，充分牵拉脊柱，头向后仰，眼睛向上看；保持这个体式 15 ~20 秒，调整呼吸。（图 7 －12）

图 7 －12　直臂弓步

4. 呼气，目视前方，伸直右腿，然后身体转正，接着身体继续向左侧转动，完成同样顺序的体式练习。

5. 两侧均完成练习后，双腿并拢，双臂自然放下落入水中，还原成山式站立水中。

【练习功效】

这个体式与水中幻椅式功效相同，能够帮助拉伸肩部和脊柱，增加背部肌肉力量，缓解肩部及颈椎僵硬等症状，除此以外还能使胸部充分伸展，有助于深度呼吸。

（五）水中战士第二式

【练习方法】

1. 山式站立水中；双腿伸直分开至 2 倍肩宽位置，双臂侧平举伸直，与水面保持平行，目视前方。（图 7 －13）

图 7－13 双臂伸直，双脚开立

2. 右脚向外侧转动 90°，呼气，屈右腿成侧弓步姿势，身体重心向右侧移动，双臂位于水面，仍保持伸展姿势（图 7－14）；然后头向右侧转动，眼睛直视右手，保持该体式 15～20 秒钟。（图 7－15）

图 7－14 右侧弓步

图 7 – 15　右侧弓步，右转头

3. 呼气，眼睛直视前方，伸直右腿，还原右脚，准备开始屈左腿，完成同样的体式顺序。

4. 两侧均完成练习后，双腿并拢，双臂自然放下落入水中，还原成山式站立水中。

【练习功效】

这个体式能够拉伸腿部肌肉，缓解腿部痉挛现象，增加腿部肌肉力量，去除腿部多余脂肪；同时还能够锻炼腰背部肌肉力量，活动颈部肌肉。

（六）水中战士第三式

【练习方法】

1. 山式站立水中；双腿伸直分开至 2 倍肩宽位置，双臂侧平举伸直，与水面保持平行，目视前方。

2. 身体完全转向右侧，屈右腿成弓步姿势，两臂从水中抬出水面向上伸直过头，两掌相合，上身挺直，目视前方，注意自然均匀呼吸。

3. 呼气，身体向前倾斜，腹部靠近大腿根，双手合十沿水面向前伸展，感觉上身趴在水面上，保持该体式呼吸两次。（图 7 – 16）

图7－16　身体前倾

4. 呼气，身体继续前倾，同时抬起左腿，右腿膝盖伸直，双手合十继续向前伸展，使整个身体与水平保持平行，注意身体平衡，均匀呼吸，维持这个体式20秒钟。（图7－17）

图7－17　身体前伸，抬起左腿

5. 吸气，身体上抬，放下左腿，双臂放下落入水中，身体还原成山式站立水中。

6. 以同样的方式进行左侧练习。

【练习功效】

这个体式主要是练习身体平衡，加强支撑腿部的力量，同时也牵拉和伸展背部肌肉。

（七）水中树式

【练习方法】

1. 双脚双膝并拢站立水中，脚趾平放于池底，双臂伸直自然垂放于身体两侧，抬头挺胸，目视前方。

2. 右腿弯曲，右手抓住右脚踝，将右脚掌放在左侧大腿上，右侧大腿与水面保持平行并接近水面，柔韧性较好的练习者可以将右脚后跟抵住左大腿根部，脚趾朝下。注意要保持髋部展开，身体正对前方。（图 7－18）

图 7－18　抓踝树式

3. 待身体保持平衡后，吸气，将双手合掌举过头顶，向上伸展，同时收紧腹部，胸部展开，眼睛直视前方，注意均匀呼吸。保持该体式 20 秒。（图 7－19）

图 7－19　双臂伸直树式

4. 呼气，双臂放下落入水中，右腿也放下，还原山式站姿。最后在另一侧重复相同的体式练习。

【练习功效】

这个体式同样也能锻炼身体平衡，更主要是可以消除大腿和髋部多余脂肪，增加腿部肌肉的线条感和平衡感。

（八）水中三角伸展式

【练习方法】

1. 山式站立水中；双腿伸直分开至 2 倍肩宽位置，双臂侧平举伸直，与水面保持平行，目视前方。

2. 吸气，右脚向外侧展开 90°，呼气，身体向右侧倾斜，右侧肩膀自然沉入水中，右手握住右腿膝盖或是小腿，左臂向上伸展，眼睛看着向上伸直的左臂，后脑勺枕着水面，保持均匀呼吸。注意身体不要前倾，展开胸部，充分伸展躯干，保持这个体式 15～20 秒。（图 7－20）

图7－20　右手抓膝，伸直左臂

3. 吸气，起身，右臂抬起，左臂放下，还原双臂侧平举姿势，右脚脚趾还原。再将左脚向其外侧展开90°，重复同样的练习顺序。

4. 两侧均完成练习后，双腿并拢，双臂自然放下落入水中，还原成山式站立水中。

【练习功效】

这个体式能够锻炼到身体各个部位，有助于展开髋部、胸部及肩部，将身体两侧充分伸展开；除此以外，还能增加腿部力量，并牵拉腿部韧带。

（九）水中三角侧伸展式

【练习方法】

1. 山式站立水中；双腿伸直分开至2倍肩宽位置，双臂侧平举伸直，与水面保持平行，目视前方。

2. 缓慢呼吸的同时，右脚在池底向右转90°，左脚也略向右转动，然后屈右膝，身体重心向右侧平移，左膝绷紧，双臂继续保持侧平举姿势并与水面保持平行。

3. 身体向右侧倾斜，右手支撑右腿膝盖，左手臂沿肩的延长线向上伸直，注意保持左臂、胸部、臀部及左腿在同一直线上；头部向上，注视向上延伸的手臂。保持这个体式15～20秒。（图7－21）

图 7－21 三角侧伸展

4. 吸气，起身，双臂还原成侧平举姿势；然后，伸直右腿，双脚转向左侧，屈左腿，开始同样的体式练习。

5. 两侧均完成练习后，双腿并拢，双臂自然放下落入水中，还原成山式站立水中。

【练习功效】

这个体式能够帮助消除腰背部的多余脂肪，帮助伸展脊柱，使全身的肌肉都被伸展和拉伸。不仅如此，还可以加强脚踝、膝盖和大腿的支撑力量，使全身各部分都得以锻炼。

（十）水中三角扭转伸展式

【练习方法】

1. 山式站立水中；双腿伸直分开至 2 倍肩宽位置，双臂侧平举伸直，与水面保持平行，目视前方。

2. 吸气，身体向右侧转动，同时右脚在池底向右转 90°，左脚也略向右转动，双膝绷紧，双臂向上伸直，双手合十。

3. 呼气，身体向右侧转动，左手向小腿外侧伸展，右手臂向上伸展，保持两臂在一条直线上，双膝绷紧，双脚不能离开池底，眼睛注视着向上伸展的手臂。

注意转动身体时，胸部、肩部要充分伸展开，柔韧性较差的练习者左手可以支撑右膝。保持该体式 15 ~20 秒钟。（图 7 -22）

图 7 -22　三角扭转伸展

4. 吸气，躯干抬起，双臂还原成向上伸展姿势，双手合十；然后，再转正身体，双脚收回，脚趾朝前，双臂放下成侧平举姿势，目视前方。

5. 吸气，身体转向左侧进行同样顺序的体式练习。完成同样时间和顺序的练习后，双腿收回，双臂放下，还原山式站立水中。

【练习功效】

这个体式能够帮助牵拉大腿、小腿及臀部肌肉以及腿部跟腱，背部及脊柱也可以得到很好的锻炼，并且对消除背部疼痛有一定功效。

二、练习注意事项

（一）在进行水中瑜伽练习之前，一定要确保身体适宜水中活动，具备进行水中健身锻炼的身体条件。

（二）水中瑜伽练习需在浅水区进行练习，水位大约在胸部位置较为适宜。条件允许可以穿着水中健身鞋进行锻炼，避免由于池底不光滑所带来的意外伤害。

（三）练习过程中要根据个人情况量力而行，练习强度要循序渐进，不要急于求成；对于不熟悉水性、平衡能力较差的初学者，可以靠近池边或者水线进行练习。

（四）水中瑜伽练习时要特别注意调整呼吸，不要憋气，动作尽可能放松伸展，保持轻松愉悦的心情进行锻炼。

（五）练习结束后要进行适当的全身放松，以便于下一次更好进行练习。

第二节　水中太极

水中太极是将传统的太极融入到水中进行的一种较为新颖的水中健身方式。挑选了传统二十四式太极拳中部分动作与水的特性相结合，体会练习过程中手臂和躯干对抗水的运动，增加练习的趣味性，同时还可以减缓腿部压力，避免陆上练习可能会造成的损伤。

一、水中太极练习方法

（一）水中太极起势

【动作步骤】

1. 双腿并拢站立水中，手臂自然下垂，眼睛目视前方，集中注意力，然后重心右移，左脚缓缓的向左侧迈出一小步，重心回移到中线。（图 7－23）

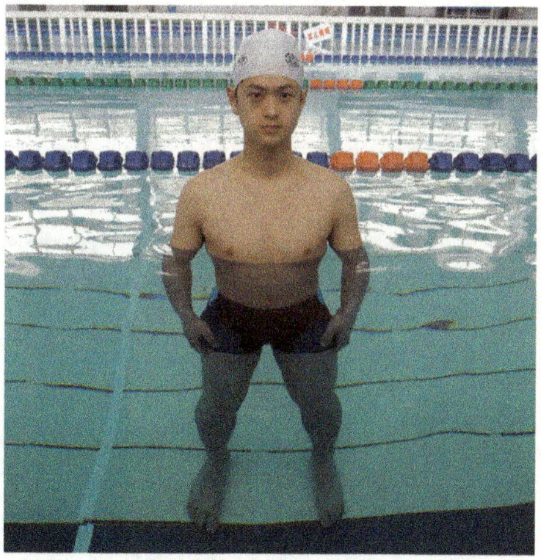

图 7－23　起势

2. 双臂从体侧缓缓向上抬至水面，掌心向下，双臂保持与肩同宽、同高，上体保持正直；然后，屈膝下蹲，双掌向下压水，按至腰腹前；注意呼吸，手臂上抬时吸气，屈膝下压时呼气。（图 7－24、图 7－25）

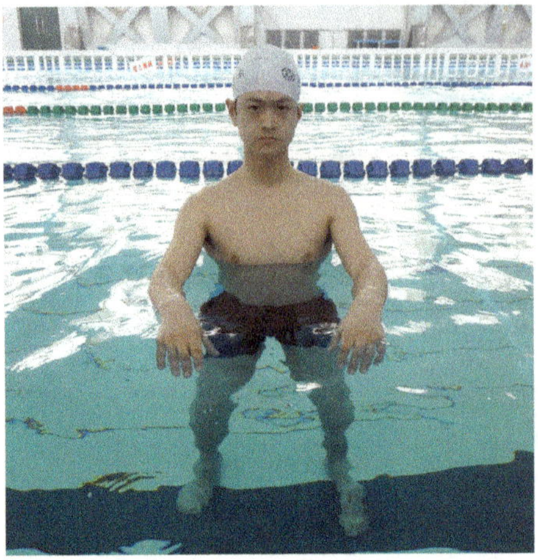

图 7-24 双臂上抬至水面

图 7-25 屈膝下压水

（二）水中左右野马分鬃

【动作步骤】

1. 双腿分开略屈膝，身体微向右转，重心缓慢移至右腿，左脚提起收于右脚内成丁字步，同时右手向上抬出水面，掌心向下，左手在水下，掌心向上，在身体右侧呈抱球状。（图 7-26）

图 7-26 右侧抱球

2. 身体略向左侧转动，同时左脚向左前方跨一步，后脚跟着地，逐步再过渡到整个脚着地，成弓步姿势，此时，左手臂外侧向左上方推水出水面，掌心对着自己的脸，右手臂向右下方压水进入水中。（图 7－27）

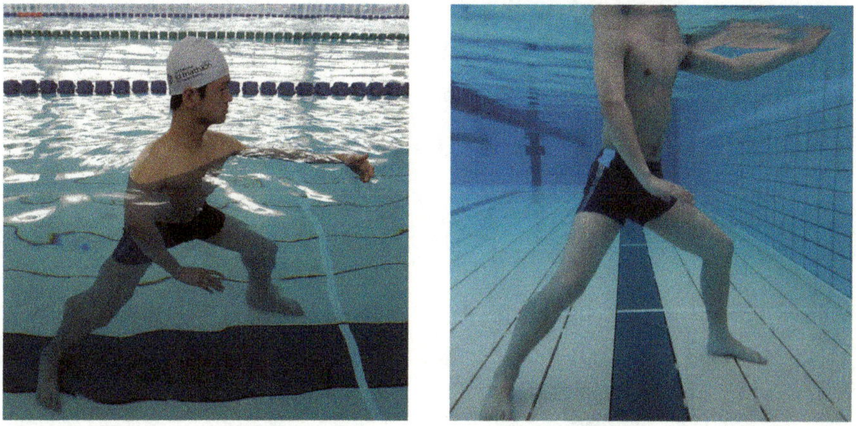

图 7－27　弓步分手

3. 上体逐步后坐，重心转移至右腿，双膝微屈，左脚尖向上，眼睛看左手，然后身体向左侧转动成抱球状，开始同样的分鬃动作。（图 7－28）

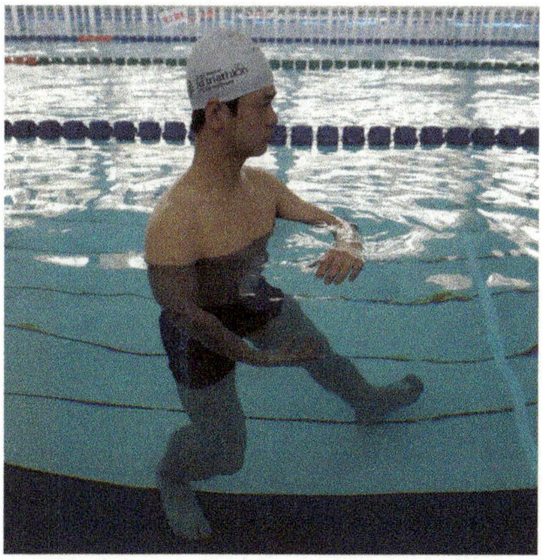

图 7－28　身体后坐，准备右分鬃

（三）水中左右搂膝拗步

【动作步骤】

1. 双腿微屈，身体微向右侧转，左脚点地，重心渐移至右腿，右臂在身体右后方，左臂位于胸前。（图 7－29）

2. 右臂从水下右胯处划弧形出水面至右上方，与耳同高，划水时掌心向上，左手臂从水上向下划弧至水面，掌心向下。（图 7－30）

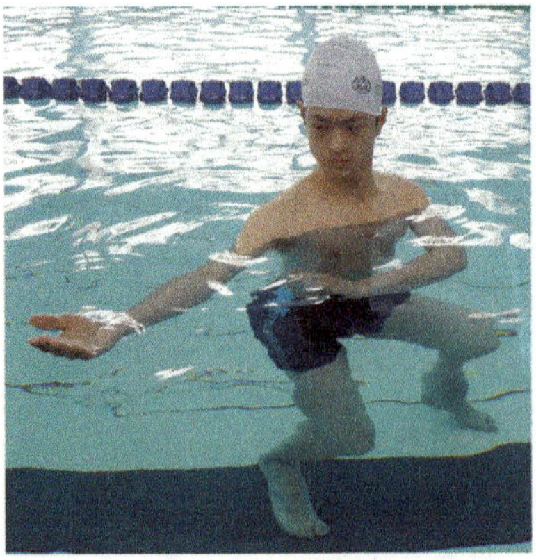

图 7－29　水中左右搂膝拗步初始动作

图 7－30　左臂下压划弧，右掌尖与耳用高

3. 身体微向左转，左脚向前跨一步，成弓步姿势，同时，左手向下压水至左胯处，右手掌经耳侧向前立掌推水。（图 7－31）

4. 重心后移，像坐在水中，左脚尖上跷离开池底，前伸的右臂向胸前收回，掌心向左斜方，左手臂随身体向上、向外划水至左上方。（图 7－32）

图7－31 左弓步，右臂立掌推水

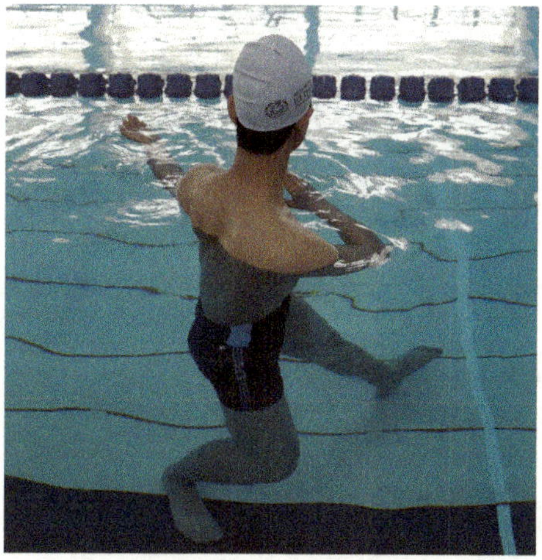

图7－32 还原异侧初始动作

5. 接着，与之前的动作一样，身体微向右转，身体重心前移，右腿向前跨一步，右手向下压水至髋部，左手掌向前推水。

（四）水中左（右）揽雀尾

【动作步骤】

1. 双腿分开略屈膝，身体微向右转，重心缓慢移至右腿，左脚提起收于右脚内成丁字步，同时右手向上抬出水面，掌心向下，左手在水下，掌心向上，在身体右侧呈抱球状。（图7－33）

2. 然后，身体微向左转，左脚向左前方迈出一步，先脚后跟，再前脚掌着地，最后成弓步姿势，左臂同时向左前方屈臂前移，掌心向内，用手臂外侧向前划水，右手掌心向下划水至髋部。（图7－34）

图 7－33　水中左揽雀尾抱球动作

图 7－34　左臂前推水，右臂下压

3. 身体向右转，左手随即向前翻掌并向下划水，右手翻掌向上，经腹前划至左前臂下方，然后双臂向下划水（图 7－35），直到右手臂划至右后方，左手臂位于胸前（图 7－36）。

图 7－35　双臂向下划水

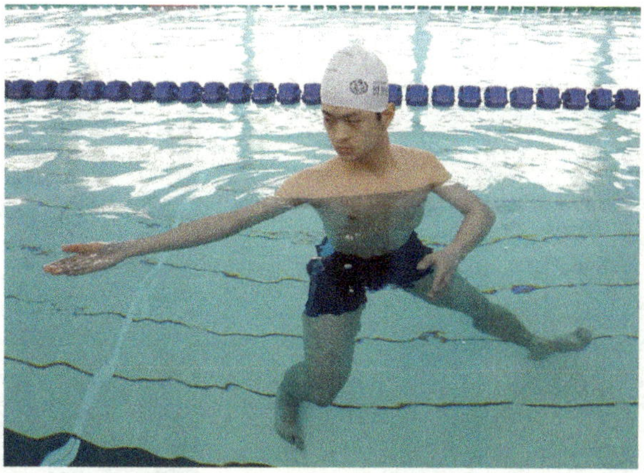

图 7－36 双臂下划结束动作

4. 接着，身体开始向左侧转动，右手附于左手腕上（图 7－37），双手同时向前推水，左手心向右，右手心向前，左前臂保持半圆；同时身体重心逐渐前移变成弓步，眼看左手腕部（图 7－38）。

图 7－37 右手附于左手臂上

图 7－38 向前推水

5. 左手翻掌，手心向下，双手左右分开，与肩同宽，手心向下（图 7－39）；然后右腿屈膝，上体慢慢后坐，身体重心移至右腿上，左脚尖跷起；同时两手屈肘回收至胸前，手心均向前下方（图 7－40）。身体重心慢慢前移，同时两手向前推水，掌心向前，眼平看前方（图 7－41）。

图 7－39　双手分开，与肩同宽

图 7－40　手臂回收至胸前

图 7－41　双手向下、向前推水

6. 身体向右侧转动，双臂平捋至正前方（图 7－42），再以同样的动作顺序，向右侧方向继续练习。

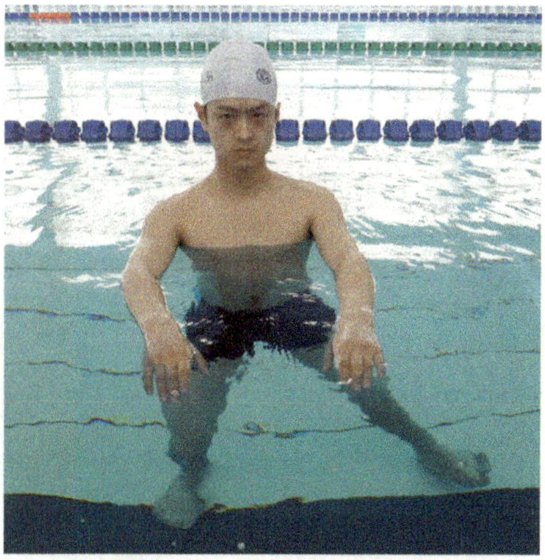

图 7-42　双臂平捋至正前方

（五）水中云手

【动作步骤】

1. 双腿屈膝，重心左移至左脚，左手从水下划到与肩齐平（图 7-43-1），然后向前左划弧至左前方时转腕，掌心向外，右手向下、向左划水，掌心斜向后上方，此时，右脚向左脚靠拢（图 7-43-2）。

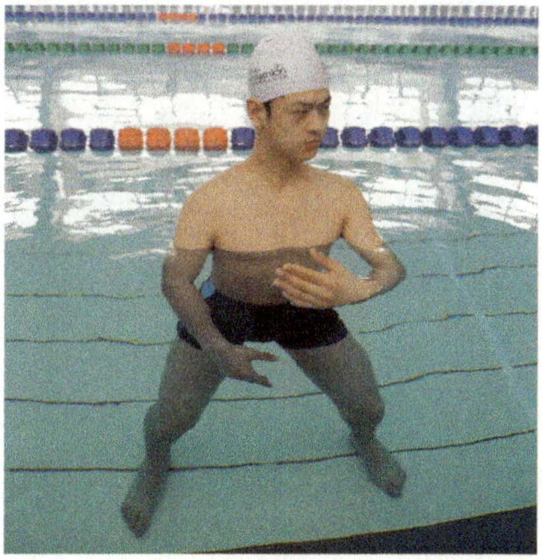

图 7-43-1　左手从水下划到与肩齐平

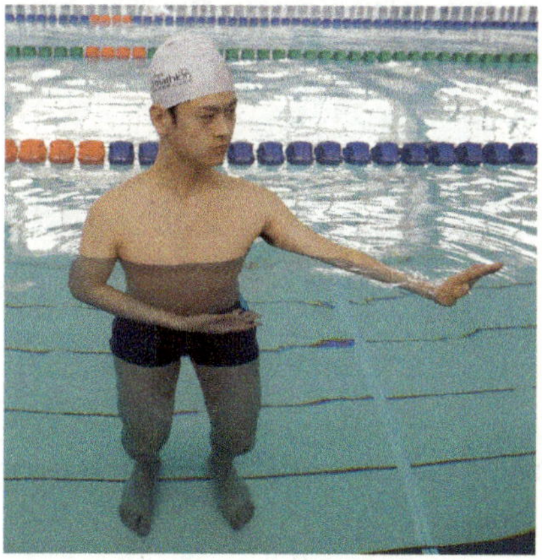

图 7-43-2　左手向前左划弧至左前方时转腕

2. 左脚继续向左侧跨一步，右手同样向右划弧，至右前方时转腕，掌心向外，左手向下，向右侧划水。

（六）水中左右穿梭

【动作步骤】

1. 双腿屈膝，身体微向左转，右脚随之收于左脚内侧，脚尖着地，左手臂掌心向下，右手臂随身体转动向下划水至左腹前，双手斜相对成抱球姿势。（图7-44）

2. 身体向右转动，右脚向前跨一步成弓步，同时右手向右前上方划出水面至头部右上方，掌心斜向前上方，左手经胸前沿水面向右前方立掌推水，眼睛看左手。（图7-45）

图7-44　双手抱球

图7-45　左手立掌推水

3. 重心后移，右脚尖抬起，再将重心移至右脚，左脚缓慢提起向前收于右脚内侧。同时右臂向内、向下位于右胸前，左臂向下、向右划水至水下腹前，双手呈抱球状。（图7-46）

4. 和左侧穿梭式一样，身体向左侧转动，左脚向前跨一步，同时左手划至左

上方，右手经胸前沿水面向前推水。（图 7－47）

图 7－46 异侧抱球

图 7－47 右手立掌推水

二、练习注意事项

（一）在进行水中太极练习之前，一定要确保身体适宜水中活动，具备进行水中健身锻炼的身体条件。下水前，在岸上进行适当的牵拉热身练习。

（二）水中太极练习需在浅水区进行练习，水位大约在胸部位置较为适宜。条件允许可以穿着水中健身鞋进行锻炼，避免由于池底不光滑所带来的意外损伤。

（三）练习过程中，动作要尽可能缓慢、舒展，注意水中身体平衡，并体会太极动作中手掌和手臂的划水动作。练习时，特别要注意调节呼吸，不能憋气，

（四）水中太极的着装要求与一般水中健身的要求相同，不宜穿着宽松服饰，以免给练习带来不必要的阻力。

（五）练习结束后要进行适当的全身放松。

第三节　水中搏击

水中搏击操主要是将拳击、搏击操以及一些舞蹈动作融合在一起，配以强劲音乐进行的体育健身运动。在学习、练习过程中，不仅充满乐趣，同时起到了锻炼身体、调适身心、缓解压力的作用。

水中搏击操的基本动作主要由上肢动作和下肢动作组成。上肢动作有：直拳、摆拳、钩拳等动作。

在水中搏击操的基本动作中，下肢动作是最为重要的，它是在不同节奏下的脚步运动方法，包括各种走、跑、跳以及不同风格的舞步。下肢动作主要有：前腿前踢、后腿前踢、屈膝动作。下肢动作的每一个动作都以腰部为轴，需要全身协调用力，结合跳跃、躲闪动作，使身体充分得到活动。

在掌握水中搏击操动作要领后，将动作进行组合，编排成套动作，并配以音乐进行练习。组合过程中下肢的运动轨迹可将其划分为：定点类步伐、水平移动类步伐，每一类步伐又包括若干动作。定点类步伐强调的是原地的动作，有双腿直立或开立的屈伸、左右移重心、踝关节的弹动、前（侧或后）方向的点地和弓步动作等，该动作主要是以辅助上肢动作为主。水平移动类步伐强调的是在前后左右方向上的移动。

一、水中搏击的练习方法

水中搏击操简单易学，应本着先慢后快、先局部后整体，先简单后复杂的原则进行练习。在练习开始前需进行充分的热身运动，以避免受伤。

（一）上肢动作

1. 直　拳

练习方法：双脚前后开立与肩同宽立于水中，重心置于双腿之间，双手屈肘握拳，置于胸前，双拳护住下颌，双肘护于腹部两侧，出拳时手臂与肩部成一直线（图7－48）。发力顺序为腿部—腰部—肩部—拳。练习时可分为水上动作与水中动作，水上动作观赏性较强，水中动作可以更为充分地利用水的特性，加大动作强度。

练习要点：练习直拳时，下肢动作始终微动，后脚用力蹬池底，以保证转腰送髋与手臂协调发力。

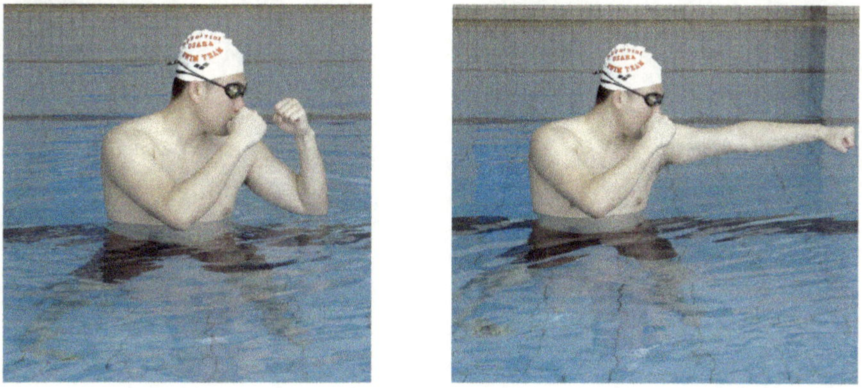

图7－48　直拳

2. 摆　拳

练习方法：双脚前后（右前左后）开立与肩同宽立于水中，重心置于双腿之间，双手屈肘握拳，置于胸前，双拳护住下颌，双肘护于腹部两侧，左拳挥臂向左向前直臂摆出，出拳时臂部与肩部成一弧线。（图7－49）

练习要点：发力顺序由腿部至腰部再至肩部最后到拳。

图7－49　摆拳

3. 勾　拳

练习方法：双脚前后开立与肩同宽立于水中，重心置于双腿之间，双手屈肘握拳，置于胸前，上身前倾，臂夹角90度。

练习要点：由下往上出拳，尽量做到由水中到水上的出拳动作，出拳尽可能长。（图7－50）

图 7－50　勾拳

（二）下肢动作

1. 前腿前踢

练习方法：双脚前后开立，站于水中，重心在后脚，看着目标，前腿抬膝，上身微后仰，脚掌踢目标，回开始位。（图 7－51）

练习要点：前踢过程中注意保持身体重心，以免跌入水中。

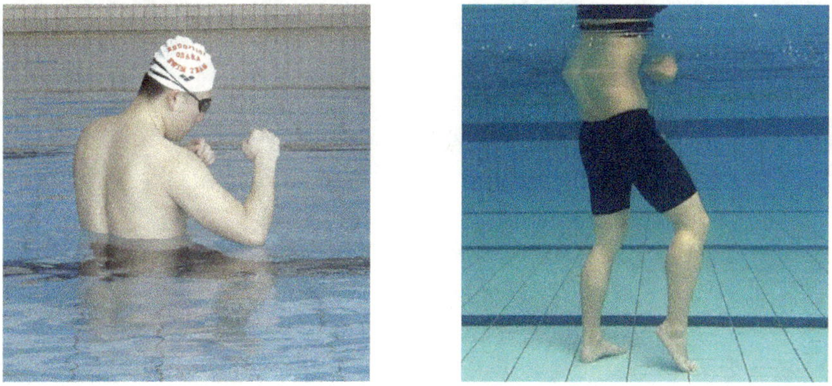

图 7－51－1　屈膝收腿

图 7－51－2　前腿前踢

2. 后腿前踢

练习方法：双脚前后与肩同宽立于水中，重心置于前脚，看着目标，后腿抬膝，上身微后仰，脚掌踢目标，回开始位。（图 7－52）

练习要点：充分利用水的阻力，加大前踢难度。

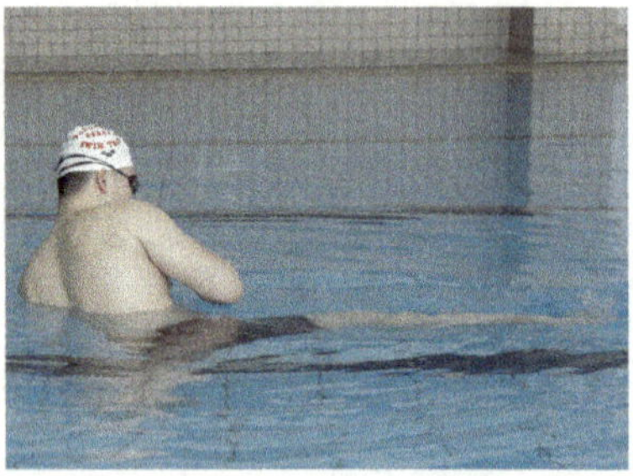

图 7－52　后腿前踢

3. 侧　踢

练习方法：双脚与肩同宽立于水中，重心在右腿、目视左侧目标，抬起左膝，向身体靠拢，上身微向右倾斜，右脚脚尖转离目标，右臂放低，保持平衡，用脚侧缘攻击，脚尖朝下，45°踢出左腿，回到侧面。（图 7－53）

练习要点：侧踢过程中注意踢腿幅度，掌握身体重心。

图 7－53　侧踢

4. 屈　膝

练习方法：双脚与肩同宽立于水中，重心在前脚，上体前倾，右脚屈膝靠近胸前，双肘下压。（图 7－54）

练习要点：支撑腿膝关节略弯曲以保持重心，屈膝腿上屈动作稍快。

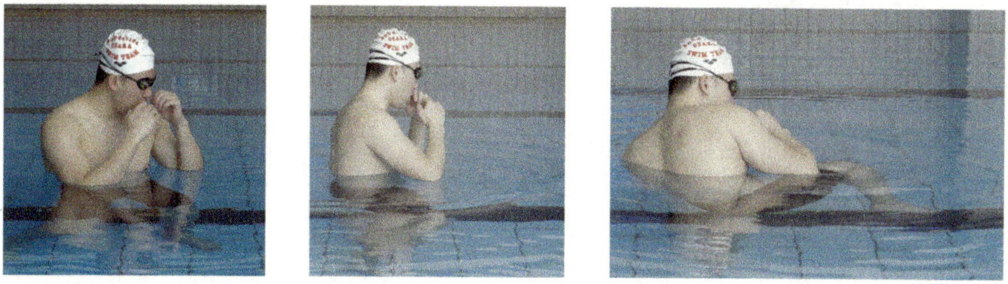

图 7－54－1　屈膝（水上）

图 7－54－2　屈膝（水下）

二、水中搏击注意事项

水中搏击操是遵循水中健身操的基本原则进行的一项运动，利用水中环境减少剧烈运动带来的运动损伤。需要注意的是，一定要注意运动前应先充分做好热身活动，让关节、肌肉放松后再开始进行正式练习。

在练习中要控制好练习的强度和速度，应做到由简到繁、由低到高、由慢至快地逐渐过渡，高强度的练习时间一次不要超过 10 分钟，交替练习各种类型动作，这样有助于逐渐提高练习者的运动技能和心肺功能的适应能力。水中搏击操运动强度较大，运动后若发现有肌肉酸痛的现象，需要及时调整运动强度，若出现局部痛状不适、眩晕、心率过快等情况，则最好停止练习。

第四节　水中游戏

水中游戏是一项以熟悉水性、提高兴趣为目的的有组织的水中体育活动。它既可以作为游泳教学的辅助练习，也可以作为常规的体育活动，甚至可以成为人们在水中进行娱乐的一种手段。

水中游戏是帮助练习者快速掌握游泳技能的一个重要因素，在游戏的过程中丰富对水的认识、减轻恐惧的心理障碍，提高身体素质、水感，更有助于形成标准的技术动作。

水中游戏的练习方法种类繁多，本文将遵循由简到难的原则进行阐述，练习者可根据自身情况自由选择。

一、初级水中游戏项目

（一）池边打水

游戏方法：游戏者人数不限，坐于池边，将双腿置于水中，上下打腿，打出水花。（图7－55）

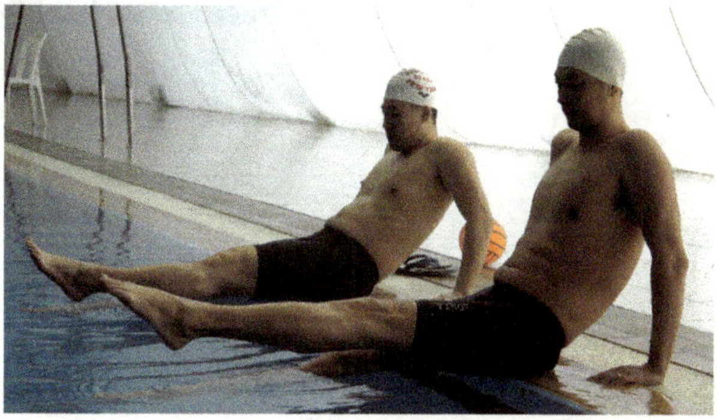

图7－55 池边打水

（二）行走比赛

游戏方法：游戏者分为两组，每组至少两人，搭住同组伙伴的肩膀，组成队形立于比赛起点，听到指令后，在水中迅速行走（图7－56）。达终点时，以计时成绩排列名次。行走方向可分为前、后、左、右。

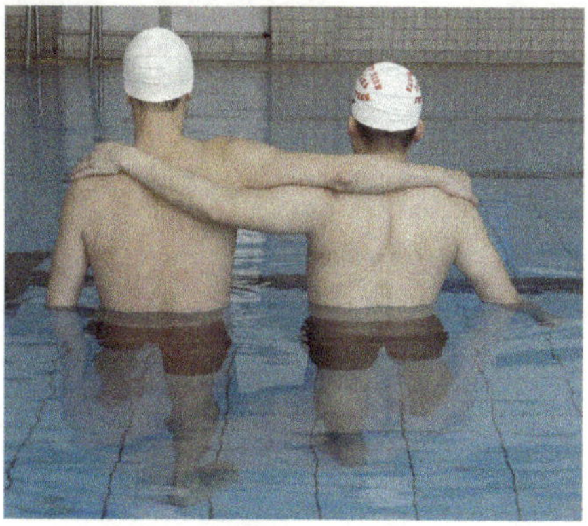

图7－56 水中行走

游戏要求：行走时步幅要小，双腿快速交替前迈，身体及双臂协同脚步摆动，以保证身体重心。

（三）双人移动

游戏方法：游戏者两人一组，相对而立，手拉手站在比赛起点，指令开始后一人后退，一人向前。到达终点时，以计时成绩排列名次。

游戏要求：移动过程中，游戏者需始终朝同一方向前进，且前进过程中手不能断开，否则即为失败。

（四）开火车

游戏方法：将游戏者进行分组，每组最少两人以上，朝前进方向站立，后者将双手置于前者的肩膀上（图 7－57）。待口令响起，快速向前行进，以先后次序排列名次。

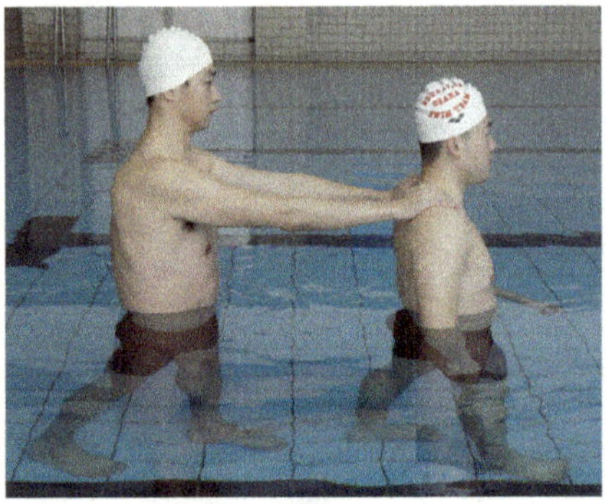

图 7－57　开火车

游戏要求：前进过程中队伍不可断开，否则即为失败。

（五）紧急组队

游戏方法：游戏者可分散于泳池各处，等待组织者哨令，游戏者根据哨令的次数进行紧急组队。例如：3 声哨令，需组成 3 人一组的队伍。按照哨令没有组队成功者即为失败。

游戏要求：该项游戏需在齐腰水深的泳池进行，且区域不可太大。

（六）传球接力

游戏方法：游戏者分为两组，组成两路纵队，由排头开始，双臂伸展由头顶上方向后传球，球至排尾时再由后向前进行传递，最后拿球者将球置于池边（图 7－58）。以计时成绩排列名次。

游戏要求：传球过程中需从一人手里传递到另一人手里，传递过程中球不可入水，为了追求速度而抛球即为失败。

图 7－58　传球接力

（七）投篮比赛

游戏方法：将游戏者分为两组，每队备一个篮筐（救生圈）置于池边，参赛者站立于水中距离篮筐 10～15 米远，每组参赛者轮流进行投篮（图 7－59）。在规定时间内以投中次数计名次。

图 7－59　投篮比赛

游戏要求：投篮者需原地站立于投篮线，身体前倾者即为失败。

（八）水中旋转

游戏方法：将游戏者按照两人一组进行分组，反方向并排站立于水中，勾住双方内侧手臂，以顺时针、逆时针方向快速旋转。在限定时间内旋转圈数多的组即为获胜。（图 7－60）

游戏要求：旋转过程中可借助另外两条手臂进行划水助力。

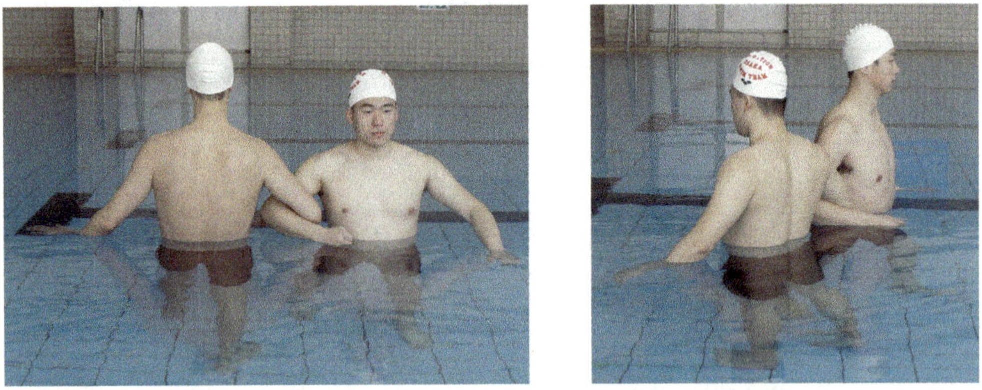

图 7－60　水中旋转

（九）水中猜拳

游戏方法：水中猜拳可根据参加者人数自行分配，每组 2 人最为适宜。游戏者面面相对沉入水中，进行猜拳游戏，胜利者可上来换一口气再沉入水中。失败者则继续憋气，直至某位游戏者忍受不了自行换气即为失败。（图 7－61）

图 7－61　水中猜拳

游戏要求：连输 3 次亦为失败，比赛立即终止。

二、中级水中游戏项目

（一）骑马打仗

图 7－62　骑马打仗

游戏方法：游戏者按照两人一组分组，一人半蹲于水中，另一人趴在半蹲者背上，半蹲者双手抓住背上伙伴的双腿以确保他的身体位置（图 7－62）。口令开始后，各参赛组开始进行推人比赛，掉入水中组即为失败。

游戏要求：游戏过程中注意脚下，防止受伤，半蹲者只可起调整位置作用，不可参与到推人环节中。

（二）水中编花篮

游戏方法：游戏者 4～6 人按照顺时针方向前后站立围成一圈，前者将右侧小腿弯曲脚掌勾住后者弯曲的膝关节处，依次类推，围成一圈，形成一个花篮形状，

顺时针跳跃旋转，外侧手臂自行划水起助力作用。（图 7 - 63）

图 7 - 63　水中编花篮

游戏要求：参加者需保持身体位置，控制平衡，组队时尽量站稳。

（三）水下传球

游戏方法：游戏者分为两组，成纵队队形站立于水中，在水下进行传球运动，球在水下经双腿间传给后面的伙伴（图 7 - 64）。以结束先后顺序计名次。

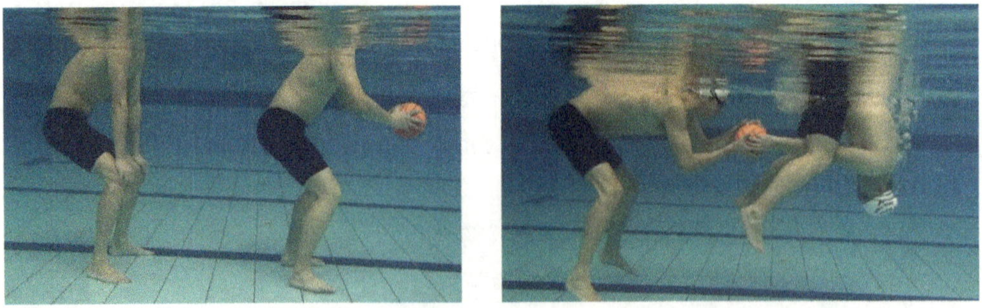

图 7 - 64　水下传球

游戏要求：传球者需沉入水中憋气，将球向后传递。

（四）推人过河

游戏方法：将游戏者按照两人一组进行分组，其中一人坐于救生圈上，另外一人在后面打腿将前一人推至终点（图 7 – 65）。以结束先后顺序计名次。

游戏要求：游戏过程中推救生圈者需双脚离地，不可在池内行走前进。

图 7 – 65　推人过河

（五）打腿运球接力

游戏方法：将游戏者进行分组，每组人数不限，游戏者双手抱球漂浮于水面上进行打腿前进（图 7 – 66），到达终点将球交于下一组员进行。以结束先后顺序计名次。

图 7 – 66　打腿运球接力

游戏要求：可采用任意泳姿打腿前进，运送过程中球若掉落即为失败。

（六）火箭发射

游戏方法：将游戏者按照两人一组进行分组，一人俯卧于水面，双臂向上伸展保持身体流线型，膝关节可以稍微弯曲，以便发力。另一人站立于水中双手握住俯卧人的双脚，待指令发出后俯卧者伸直身体向前滑行，以滑行距离计名次。（图 7 -67）

图 7 -67 -1　“火箭发射”准备姿势

图 7 -67 -2　“火箭发射”蹬离滑行

游戏要求：滑行过程中不得借用手臂划水或腿部打水带来的助力向前行进。站立者只能站在原地给予助力，不得前进推送。

（七）推车比赛

游戏方法：将游戏者按照两人一组进行分组，一人手持浮板，双臂向上伸展，双臂尽量夹住耳朵，俯卧于水面，另一人站立于水中，双手握住俯卧者双脚，当指令响起站立者以打腿姿势为助力，快速将俯卧者送至终点。以达到次序计名次。（图 7－68）

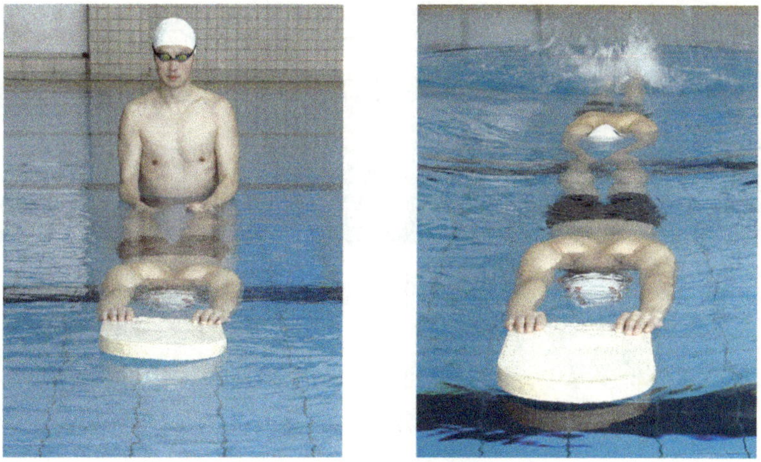

图 7－68　推车比赛

游戏要求：若过程中憋不住气可自行抬头换气，打腿者双手不可离开俯卧者双脚。

（八）骑木马

游戏方法：游戏者站立于池中，借助健身棒进行骑木马游戏。将双腿跨在健身棒上，双手抓住健身棒前端，打腿前进。游戏开始后，以达到次序计名次。（图 7－69）

图 7－69　骑木马

游戏要求：前进过程中注意控制健

身棒的位置，保持浮力均匀。

（九）水中较量

游戏方法：将游戏者按照两人一组进行分组，手持浮板两端面对面站立于水中，当指令响起，同时浮起进行打腿。游戏开始后，将对方推出距离远者，即为获胜。（图 7 -70）

图 7 -70　力量的较量

游戏要求：游戏过程中，气不够可自行抬头换气，可借助任意泳姿的打腿动作进行比拼，全程双手紧握浮板，不可脱离；若擅自将手脱离浮板，即为失败。

二、高级水中游戏项目

（一）鱼跃水线

游戏方法：将游戏者按人数进行分组，面向水线站立于出发点，待指令开始后，双脚用力蹬池底以鱼跃姿势越过水线，以到达终点的先后次序计名次。（图 7 -71）

图 7－71－1　准备姿势

图 7－71－2　跃起动作

游戏要求：水中移动时可采用跑步姿势，跑步时手臂摆动以保持平衡。

（二）水中捞物

游戏方法：游戏者站立于浅水区中，将需要捞起物品随意摆放在泳池池底，游戏者吸气后潜入水下，将物品捞起，熟练后可自行增加游戏难度。将若干个物品摆放在总距离 15 米的范围内，可多次呼吸完成，但每次呼吸必须捞起一个物品。以完成速度计名次。（图 7－72）

图 7－72　水中捞物

游戏要求：每次入水必须捞起一个物品，也可捞起多个物品，若憋气时间不足，不要勉强，及时抬头换气。

（三）仙女散花

游戏方法：将游戏者分组，双腿夹紧浮板，围成一圈站立于水中，待指令响起后，以仰泳姿势漂浮，游戏者将双脚聚集在圆圈中心，双手摆动保持平稳，以保持时间计名次。（图 7－73）

图 7－73　仙女散花

游戏要求：漂浮时保持身体流线形，借助双手摆动力量保持稳定。

（四）平稳接力

游戏方法：游戏者站立于出发点，以浮板作为接力棒，将浮板平稳放置头顶，待指令响起后，以抬头自由泳打腿或是蛙泳蹬腿的方式，向前游进，将接力棒平稳地运送到下一队员手中 ，以达到次序计名次。（图 7－74）

游戏要求：前进过程中双手不可触碰浮板，若浮板掉落迅速放回原处。

图 7－74　平稳接力

（五）水中倒立

游戏方法：游戏者倒立于水中，双手支撑池底，身体保持直立状态，双腿露出水面，以手臂保持平衡并向前移动，以达到次序计名次。（图 7－75）

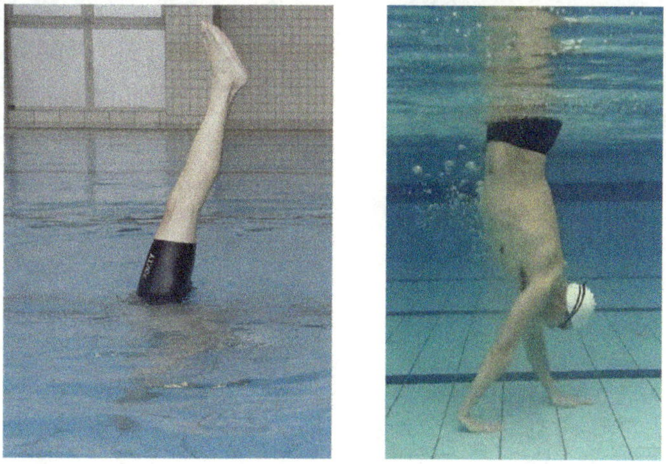

图 7－75　水中倒立

游戏要求：游戏者需有一定游泳水平方可进行该游戏。

(六) 踩水比赛

游戏方法：游戏者于深水区进行踩水动作，双手抱头，以保持时间计名次。(图7－76)

游戏要求：踩水过程中保持上身直立，控制身体位置，减少左右摇摆与上下起伏。

(七) 负重踩水

游戏方法：将游戏者按照两人一组进行分组，一人在下负责踩水，另一人在上担任负重，待指令响起后，踩水者开始踩水，另一人则骑座在踩水者背上，以保持时间计名次。(图7－77)

图7－76　踩水比赛

图7－77　负重踩水

游戏要求：踩水过程中，控制身体位置，避免骑座者落入水中。

(八) 带球游进

游戏方法：游戏者人手一球，待指令响起后，将球置于双臂之间，以自由泳抬头游姿势前进，以达到次序计名次。(图7－78)

游戏要求：游进过程中控制球的前进方向，使球无法脱离双臂的控制。

图 7－78　带球游进

（九）逆行前进

游戏方法：游戏者站立于出发点，待指令响起后，双脚在前，双手在后仰卧于水中，利用双手摇橹式划水向前移动，以达到次序计名次。

游戏要求：游进过程中，头与脚成一条直线，保持身体平稳前进。

二、水中游戏活动注意事项

（一）游戏应按照由易到难来进行

在练习过程中，游戏项目的选择应遵循由易到难的原则。在游戏开始前先选择一些易于理解、便于实行的项目进行。

（二）场地、器材的准备工作

为了保证游戏的顺利进行，在项目设计过程中首要考虑安全因素，对于初学和一般水平的游戏者，尽量选择在浅水区域进行的游戏项目，并提前了解游泳池水下环境，例如池底是否平滑、器材是否安全等，以防止发生伤害事故。

（三）熟悉游戏规则

游戏开始前，必须清楚了解游戏的要求、方法以及规则，在清楚所有游戏细节后，方可开始游戏，以确保人身安全，充分享受游戏带来的乐趣。

思考题

1. 瑜伽练习过程中应该注意哪些事项?
2. 还有哪些太极动作适宜在水中进行练习?
3. 水中搏击的基本动作有哪些?基本步法有哪些?
4. 水中搏击在练习过程中有哪些注意事项?
5. 水中游戏的意义及作用。
6. 哪些游戏在练习过程中有利于提高腿部肌肉?请说明理由?
7. 水中游戏活动过程中应注意什么?

推荐读物

1. 丛宁丽. 水中游戏189例[M]. 北京:人民体育出版社,2010.4.
2. Manu. 瑜伽教程:瑜伽全程学习图解[M]. 北京:化学工业出版社,2013.8.
3. 杨振铎. 杨氏太极拳一百零三式[M]. 山西:山西科学技术出版社,2013.1.

参考文献

[1] Manu. 瑜伽教程:瑜伽全程学习图解[M]. 北京:化学工业出版社,2013.8.

[2] Susi Hately Aldous. 解剖与瑜伽体式:预防瑜伽损伤[M]. 北京:人民卫生出版社,2009.1.

[3] 杨振铎. 杨氏太极拳一百零三式[M]. 山西:山西科学技术出版社,2013.1.

[4] 冯宇. 高校女生游泳课结合水中有氧健身操教学应用[J]. 吉林体育学院学报,2012.

[5] 于荣. 浅谈水中健身操的教学[J]. 游泳. 2006(4):44-45.

[6] 沈宇鹏. 水中健身的种类及应注意的问题[J]. 游泳. 2006(4):45-47.

[7] 丛宁丽. 水中游戏189例[M]. 北京:人民体育出版社,2010.4.

[8] 姜兆祥,盛建英. 浅析水中游戏在高校游泳课初期教学中的运用[J]. 体育博览. 2011(19):106-107.

[9] 林俊峰. 体育游戏对高校体育教学效果的影响研究[J]. 军事体育进修学院学报,2009.28(2):89-91.

第八章　水中康复训练原则和方法

本章教学提示

1. 重点学习水中康复训练的原则和各部位水中康复训练的手段。

2. 了解水中康复训练的多样手段，需要掌握由分析个体差异到设计水中康复计划的过程。

3. 通过对本章节的学习，拓展对水中康复训练的认识，用更安全、更有效、更科学的手段进行水中康复训练。

关键术语

水中康复、水中康复训练原则、水中康复训练手段

第一节 水中康复训练概述

一、水中康复训练的基本概念

康复是指综合地应用医学、社会、教育、体育运动及职业训练的方法和措施，对老、病、伤、残者进行治疗、培养、训练，使其活动能力得到恢复或重建，达到尽可能重新走向生活、走向社会、走向工作的目的。

体育康复学是研究和运用体育学、康复医学的理论、方法与手段来预防和治疗伤病的一门应用性交叉学科。它既属于体育科学的范畴，也是医学科学的一个方面；它不仅是体育科学和医学科学的重要组成部分，而且是一个相对独立的体系，并在运动医学、临床医学、老年病学等学科中占有重要的低位。体育康复学主要研究与康复有关的体育和训练的方法、手段、措施、组织、指导和监督等一系列的问题。其研究对象主要是需要实行康复和保健性体育的老、病、伤、残者。现代康复治疗实践证明，使用体育康复手段治疗患者，有其特殊的、独到的疗效，体育康复与医学康复的综合治疗能获得更佳的效果。

水中康复是体育康复学学科中的一个组成部分，是充分利用水的自然特性与水中运动的生理、生化基础知识对练习对象进行治疗、训练，以达到练习者缩短康复治疗期，尽早恢复生活、劳动能力的一种锻炼方法。

二、水中康复应用的科学基础

（一）浮力对水中康复训练的作用

浮力运用于水中康复训练，可起着助力、支持和阻力作用。辅助性作用，主要运用于患肢或躯体做向上浮向水面的练习。这类练习可辅助改善患肢或躯体的活动能力，增加其灵活性及活动范围。如依靠浮力，使上肢于齐肩深的水中做被动助力性外展练习。支持性作用，主要运用于做垂直于浮力方向，与池底平行的支持性肢体练习。这类练习可借助肢体或浮具的浮力来进行，如康复者直立于池中，借助浮力的支持作用，在齐肩深的水中，上肢做水平内收外展练习。阻力作用，主要运用于做向下逆浮力方向的练习，如借助浮力产生的阻力，康复者直立于池中，在齐肩深的水里，上肢做主动内收练习。练习可根据恢复的情况，循序渐进。借助水的助力、支持和阻力作用所做的各种练习，速度必须考虑其中。动作速度慢时，水的黏滞度可忽略不计，但随着练习动作速度的加快，水的黏滞度所形成的阻力自然加大，水的助力性练习也会转化为阻力性练习。

（二）压力对水中康复训练的作用

人体浸于水中，无论安静状态还是运动状态均会产生相应的生理反应。安静状态下发生的生理反应均是由水压所造成的，人体的压力感受器引起血流在体内重新分配。右心房静脉压升高，引起 Frank Starling 反射，每搏输出量增加。安静状态下，尽管每搏输出量或心输出量在增加，心率却保持不变或有所下降。心率变化的大小与水深、体位及活动方式有关。水中的心率变化与陆地上的变化存在着一定的差异，一般来讲，水中的心率每分钟要比陆地上低 17 次左右。当人体浸入水中，水对人体产生的压力称为水压。它能促使人体的体液由四肢向心脏。加速营养供应与代谢物的清除，增加心输出量，减少周围阻力。

（三）阻力对水中康复训练的作用

水流有两种流动状态，即层流及涡流。层流因水分子流向及流速一致，故形成的阻力较小。而涡流则由层流所形成，当层流遇物受阻时，水分子则向不同方向拆返，形成的阻力较大。当物体在水中做相对运动时，物体迎流方与其后方所形成的压强，大小不同。迎流方所受压强较大，而后方所受压强较小，压强差所引起的阻力为压差阻力。物体与水流间相向运动的速度越大，所形成的阻力也越大。

正是根据水的这些动力学特征，为水中康复训练提供了科学的依据。康复锻炼后期，常利用水中运动进行各种专业恢复练习，如采用划船、网球、滑雪、跑及跨栏等专业动作的模仿练习，其中外加的浮具、蹼、浆、手套、泳鞋及网拍等器具，均起着加大外来阻力的作用。

（四）水温对水中康复训练的作用

水的温度对从事激烈运动的运动员来说有一定的要求，一般水温维持在27℃至28℃左右比较适宜，过高的水温只能给运动员的心脏增加额外负担，过低的水温又使血压陡降，肌肉僵硬。通常，一般性的康复训练对水温没有过高的要求，33℃～34℃的水温比较适宜。在温水环境下能使血管舒张，软组织伸展性增加，肌肉得以放松。

第二节　水中康复训练的原则

水中康复是体育康复学学科中的一个组成部分，因此在练习中必须遵循体育康复的基本与特殊原则。体育康复的基本原则，是指在现代体育康复中应当遵循的、有普遍社会意义的基本要求和根据，是对体育康复提出的较普遍、较客观的要求，而不具有个别、具体的特性。

一、体育康复的一般原则

（一）功能训练

功能训练是体育康复的最基本、最具特色的原则之一。体育康复所要解决的问题最主要的就是功能障碍，因此，为了克服机体的功能障碍就必须进行功能训练。功能训练作为体育康复的一个重要原则，不是单从器官、组织水平看待功能训练的，而是从整体的功能训练，即以满足个体生活、家庭生活、社会生活、职业需要的水平来看待的。所以，功能训练不仅指对某个器官的功能训练，而且包括对运动的、感觉的、知觉的、心理的、智能的、语言的、社会活动和职业需要的等等特殊训练。

（二）整体康复

所谓整体康复，是从躯体上、精神上、职业上等对伤、病、残者进行全面综合性的体育康复。整体康复是体育康复医学应遵循的另一条基本原则。体育康复的整体康复原则，其着眼点不仅使遭受损害和功能障碍的器官或肢体康复，更重要的是使康复者能进行正常社会生活和从事工作。这一原则要求体育康复的医护人员在对患者实施体育康复的过程中，在思想上和制订具体方案上都应从患者的整体康复原则出发。同时，这一原则也要求在对患者的体育康复进行评价时，也要以患者是否整体康复作为标准或依据。

（三）重返社会

重返社会是体育康复的又一个重要原则。因病、因伤或先天因素致残者，不能平等地分享社会经济、文化发展为人民提供的成果，这对残疾者来说是不公平的。现代医学的主流是为了残疾者不离开社会生活，使他们通过体育康复之后能重返社会，这是体育康复医学最重要的目的。使残疾者改善功能，适应社会环境，同时又要对生活和工作环境作必要的改变，使之适应残疾者的功能状况，以便使残疾者作为社会上的一个成员，重新参加社会活动，这既是体育康复医护人员的职责，也是整个社会都应关注的问题。

（四）康复预防

体育康复必须贯彻“预防为主”的方针，康复预防是体育康复应遵循的原则。为了取得体育康复的最佳效果，必须将预防和治疗、临床治疗和康复医疗结合起来。从临床治疗一开始就全面系统地考虑病人的愈后和转归，制定相应的体育康复治疗程序，将残疾发生率减至最低；残疾一旦发生或不可逆转时，应尽早制订具体的体育康复综合医疗措施，防止残疾继续恶化加重，将残疾程度尽可能减轻，使残疾者尽可能保持并改善尚存的功能。

二、水中康复的特殊原则

（一）身体锻炼为主

水中康复最具特色的是运用水中活动的一些具体方法，减少陆地上康复可能会带来的其他身体损伤，经过体育康复工作者的精心选择和编排，使之成为促进患者早日康复的行之有效的手段和方法。这些方法无论简单与复杂，其核心内容就是鼓励和帮助患者能积极地参加身体锻炼。

（二）因人而异

因人而异是指针对不同的人，不同的伤病情况，区别对待，有针对性地采用水中康复的手段。不同损伤部位，不同损伤程度，不同水中适应能力等情况，都是因人而异原则要求中的具体因素。只有认真、全面考察每个患者的情况，制定水中康复锻炼手段，才符合因人而异的原则，也才能收到最佳的康复效果。水中康复应从每个人的实际身体状况出发，选择合适的运动量、得当的练习方式、合理的练习时间和次数，达到锻炼强身、恢复功能的目的。没有医生的许可或不适宜参加康复锻炼病症的患者，不应勉强参加练习。

（三）循序渐进

循序渐进即逐步增加负荷的原则。机体的适应性改变要一定强度的刺激才能产生，过弱的刺激，即运动量过小就没有锻炼作用；过强的刺激，即超过生理最大负荷的运动量，只能引起机体机能的破坏，所以，负荷必须在个体的机能水平基础上逐步加大运动量。水中康复过程也需要逐步适应、逐步增加运动量。在水中康复过程中最忌讳急于求成或是半途而废，都不是循序渐进所倡导的。只有掌握循序渐进的原则，才能以最短时间收到最大效果。

（四）持之以恒

水中康复必须持之以恒，才能使高级神经的灵活、稳定、均衡性等功能趋于完善，各器官系统在结构上的改变和机能的提高才能实现。这是因为机体功能的完善是通过反射的机制而达到的。而条件反射的形成，只有多次反复才能强化、巩固和发展，否则便会消退。同时，机体功能的改进和完善又是通过对体育锻炼产生一次超量恢复，一次一次积累，改善机体功能才得以实现。同样的道理，水中康复必须坚持和遵循持之以恒的原则。

总之，水中康复应坚持实事求是这个总原则，有的放矢，才能取得实效。

第三节　不同部位水中康复手段

一、肩部损伤

（一）肩部常见损伤分析

常见的急性肩部损伤有锁骨骨折、肩锁关节损伤和肩关节向前脱位。常见的肩部慢性疾病有创伤后肩关节失稳、多向失稳和肩峰下疼痛综合征。

摔倒时，肩部着地往往是导致肩锁关节受伤的主要原因。如果肩部外侧直接着地，肩锁关节就会被压缩，关节表面和关节内软骨会受到损害。如果冲击力来自上方，在锁骨位置不变的情况下，包括关节囊在内的肩部被向下挤压，会加大肩锁关节脱位的程度。摔倒时肩部直接着地或手臂伸展着地，很容易造成锁骨骨折，锁骨外侧骨折通常是肩部外侧受到直接的创伤所致，与肩锁关节损伤时的情形一样。

肩部运动创伤通常会引起肩关节脱位，大多数的肩关节脱位都是向前脱位，最常见的原因是摔倒时手臂伸展着地或者外展的手臂受到外力的旋转。如手球运动中运动员射门时被阻挡，冰球和橄榄球这些碰撞比较激烈的运动中，运动员的身体碰触较多，受伤的概率也较大。

创伤后肩关节失稳与多向失稳有所不同，创伤后肩关节失稳是在第一次脱位后，积极活动的运动员会在同一个关节上反复脱位，创伤以及肩关节处于外旋和外展的易损位置都能引起这种脱位。而多向失稳是由长期反复的微细损伤引起的关节囊及其相关韧带松弛的结果。在需要肩关节动作极大的技巧项目中，此病最为常见，如过顶投掷的动作，标枪的引枪动作就需要肩关节尽可能地拉伸。自由泳和仰泳的划水动作都需要肩关节的反复运动，50 米自由泳一般需要划手 30 ~ 50 次，一节训练课训练量如果是 5000 米的话，那就需要划手 3000 ~ 5000 次，常年训练使得游泳运动员肩关节的持续活动可能会造成肩袖肌肉的疲劳，使其无法将肱骨头稳定在关节窝内。

（二）肩部损伤水中康复手段

肩关节水中康复手段多种多样，不同的患者可根据自身受伤情况选取针对性强的水中康复手段进行练习。下面为大家介绍一些常用的肩部损伤水中康复手段。

1. 抱球下压

动作要点：背靠池边或水线，双手持球手臂伸直，克服水的阻力将球压至水中，将球下压时注意保持手臂伸直，不要屈肘。（图 8 －1）

图 8 －1　抱球下压

2. 向后推水

动作要点：双手戴划手掌或阻力手套，双腿分开站立保持身体重心稳定，手掌对水同时向后推水至最高点，掌心向上推水至起始动作，推水时注意手臂伸直，不要屈肘。（图 8 －2）

图8－2　向后推水

3. 45°拉力

动作要点：身体直立，脚踩阻力带一端，手持阻力带另一端，由体前45°位置向水面拉起，注意手臂伸直。（图8－3）

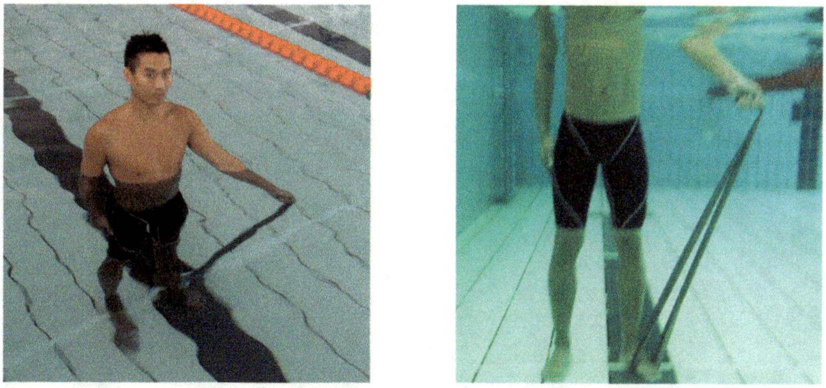

图8－3　45°拉力动作视图

4. 哑铃推拉

动作要点：反手握哑铃，手臂前平举，双手同时向回拉，再向前推至最远点。（图8－4）

图 8－4　哑铃推拉

5. 飞　鸟

动作要点：双手持哑铃侧平举，手臂伸直同时下压至体侧，再回到起始动作。回到起始动作时，注意不要借助水的浮力，用手臂控制上浮的速度。（图 8－5）

图 8－5　飞鸟动作

6. 拉力前平举

动作要点：脚踩阻力带一端固定，同侧的手持阻力带另一端，手臂由体侧向上拉至水面，注意保持手臂伸直，不要屈肘。（图 8－6）

图 8－6　拉力前平举

7. 拉　锯

动作要点：在岸上将阻力带一端固定，双手持阻力带另一端，站立位置不要离固定端太近，手臂向前伸直，夹肘向后拉至最远点。注意回到起始动作时不要借助惯性，要控制速度。（图 8－7）

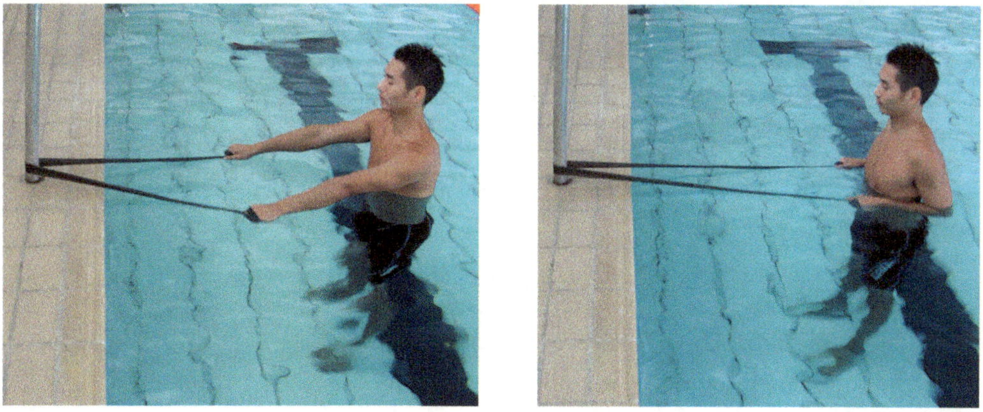

图 8－7　拉锯动作

8. 立卧撑

动作要点：双手于池壁支撑，身体倾斜，调整好角度后屈臂，再撑起。（图8－8）

图8－8　立卧撑

（三）肩关节损伤康复的监控指标

急性损伤几乎无一例外会造成损伤部位的功能障碍，肩部损伤更是如此；肩部的疼痛和肿胀很容易改变肩肱的协调性。为运动员制定个体化的康复训练计划是很重要的，使其最终恢复原有的功能状态。肩关节最佳的康复状态是：所有受伤组织结构愈合，患者有正常的肩肱协调性和正常的神经肌肉系统的功能、力量和活动范围。

每个阶段的康复目的和措施也应有所不同，肩关节损伤康复的目的和措施如表8－1。

表 8－1　肩关节损伤康复的目的和措施

阶段	目的	措施
适应期	减轻疼痛，改变肩带的动作方式 ※改善关节活动范围 ※稳定肩胛骨	在疼痛语序的范围内练习，着重于活动范围练习和感觉动作练习
加强期	逐渐恢复肩带的正常动作方式 ※改善关节活动范围 ※增强肩袖力量 ※稳定肩胛骨	着重于肩胛肱骨的协调性练习和增强肩袖的力量
保持期	整体恢复肩带的正常动作方式 ※增强肩袖的力量 ※至少使神经肌肉功能、活动范围恢复到损伤钱的状态	功能练习，在参加最大限度活动之前，要完全恢复

在检查肩关节主动活动范围时，应注意肩肱的协调性（如手臂外展时肩胛骨的旋转功能）。肩关节的关节活动度参考值如表 8－2。

表 8－2　肩关节关节活动度参考值

关节	运动方向	参考值
肩	屈曲	180°
	伸展	60°
	外展	180°
	内收	75°
	内旋	80°
	肩外展 90°内旋	70°
	外旋	60°
	肩外展 90°外旋	90°

引自：恽晓平．康复疗法评定学［M］．北京：华夏出版社，2005.

在确定运动员是否完全康复之前，要将患侧肩部的力量、神经肌肉功能和柔韧性与健侧进行比较。如投掷运动员应该认识到，投掷臂的外旋增大、内旋减小是正常的，并且投掷臂常常比对侧手臂（健侧）有力。

二、肘部和手腕损伤

（一）肘部和手腕常见损伤分析

常见的急性肘部损伤有肘部拉伤，年轻运动员的肘关节损伤通常是由摔倒时手臂伸直着地，或投掷动作肘部受直接、间接打击所致。常见的肘部使用过度损伤包括外上髁痛（网球肘）、内上髁痛（高尔夫球手肘）、手球守门员肘和软骨损伤。外上髁痛和内上髁痛很相似，通常都是由反复和长期的负荷引起的，不同的是产生疼痛的位置，外上髁同时在前臂伸肌活动时肘部外侧疼痛，内上髁痛是在前臂屈曲时肘部内侧疼痛。手球守门员肘，对守门员来说是一种很常见的综合征，肘关节因拦截攻门的球过度地伸展、外翻导致关节韧带的损伤。

常见的腕部损伤有腕部挨伤。很多人会由于腕部疼痛不明显，而忽视了腕部挨伤的可能性，耽误了诊断。腕部挨伤的患者应接受放射学检查来确定诊断，在康复期间可以使用胶带固定或护具帮助患者进行康复运动。

（二）肘部和手腕损伤的水中康复手段

1. 提肘下压

动作要点：双手持浮力哑铃，提肘，将哑铃压入水中至手臂伸直。注意哑铃回到水面时手臂控制速度，不要靠浮力的惯性。（图 8 –9）

图 8 -9 提肘下压动作

2. 拨 腕

动作要点：双手戴划手掌或阻力手套位于水中掌心向上放平，向下压手腕，掌心向上对水拨水。（图 8 -10）

图 8 -10 拨腕动作

3. 向内拨水

动作要点：身体保持直立，单手做动作，保证肘关节位于水中，掌心对水，由体前向体侧拨水。如要增加负荷可以选择戴划手掌或阻力手套进行练习。（图 8 -11）

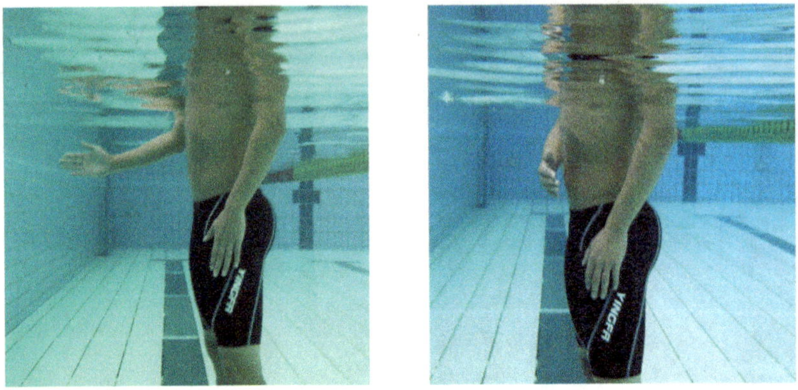

图 8－11　向内拔水

4. 交替压掌

动作要点：双手戴划手掌或阻力手套，一手掌心向上推水，另一手掌心向下压水，双手交替动作。（图 8－12）

图 8－12　交替压掌

（三）肘部和手腕损伤康复的监控指标

急性肘部和腕部损伤康复初期的目标是控制疼痛。因此，活动量要控制，如果在水中活动时疼痛加剧，必须立即停止活动。肘部和手腕损伤的康复目标和措施如表8－3。

表8－3　急性肘部和手腕损伤的康复目标和措施

阶段	目的	措施
适应期	减少疼痛和炎症。	感觉运动练习
加强期	使肘关节和腕关节活动范围和力量正常化。	力量和牵拉练习
保持期	损伤韧带完全愈合，机械的稳定性和活动范围没有丧失，逐渐增加负荷降低再损伤的危险。	感觉运动练习、功能练习

肘部和手腕的关节活动度参考值如表8－4。

表8－4　肘部和手腕关节活动度参考值

关节	运动方向	参考值
肘	屈曲	150°
	伸展	0°
腕	屈曲	80°
	伸展	70°
	桡偏	20°
	尺偏	30°

引自：恽晓平．康复疗法评定学［M］．北京：华夏出版社，2005.

三、腰背部损伤

（一）腰背部常见损伤分析

常见的腰背部损伤有长期腰部疼痛、椎骨脱离、脊椎前移和脊柱侧凸。大多数患有长期腰部疼痛的人都要经历一个医疗过程，包括物理治疗、脊柱指压治疗法、按摩治疗，针灸或者止疼药物。这些治疗对短期减轻疼痛有极好的效果，但这些治疗方法并不是长久之计。患者需要长期依赖康复训练来缓解疼痛，然而水中康复练习可以解决这个难题。因为水对于关节的无压力及其无重力的环境，水中运动能够有效地治疗腰部疼痛。

椎骨脱离是压力性骨折或者椎骨关节损伤恶化的后果，常发生在椎骨过度伸展的运动中，如体操、芭蕾、投掷等运动中。在水所提供的重力减轻与无负重环境中，有助于椎骨脱离的复原。在水中运动中要避免仰泳、蝶泳、蛙泳等任何使椎骨过度伸展的泳姿，侧泳对于椎骨脱离患者而言是一种安全而舒适的游泳姿势。水中慢跑也是一个很有效的练习，既可以缓解腰部的疼痛，也可以加强臀部和腹部的训练。对于未进行过手术治疗的脊柱侧凸患者，在加强臀部锻炼的同时也要加强腰部伸肌和腹部的锻炼。在需要进行外科手术治疗的脊柱侧凸患者中，练习的重点应在增强与稳定臀部肌肉。在水中进行康复练习的方法是灵活的，因为它的无负重环境，可以根据患者的不同病症选择不同的练习方法。

（二）腰背部损伤的水中康复手段

1. 哑铃举腿

动作要点：身体靠池壁或水线支撑，将浮力哑铃夹在双脚之间压于水中，向上举腿至水面，注意上举时控制速度不要靠浮力的惯性。（图 8 – 13）

图 8 – 13　哑铃举腿

2. 顶　髋

动作要点：双手扶池壁或水线，髋部向后至最远端，脚尖向上勾，回到初始动作。(图 8－14)

图 8－14　顶髋

3. 原地蹲起

动作要点：手扶池壁或水线支撑，原地做蹲起动作，注意下蹲时要蹲至最低点。(图 8－15)

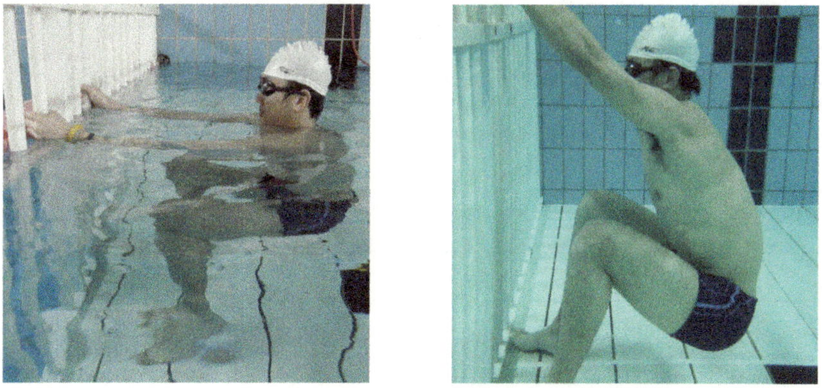

图 8－15　原地蹲起

4. 水中悬挂

动作要点：在深水区进行这个练习，将浮力哑铃置于腋下，身体直立放松。（图 8－16）

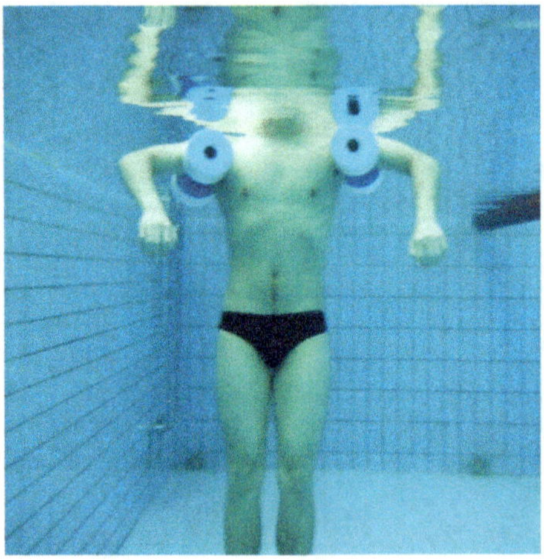

图 8－16　水中悬挂

（三）腰背部损伤康复的监控指标

腰背部损伤中限制活动和药物治疗常常很难完全消除疼痛，因此，患者必须尽快开始活动。腰背部损伤所导致的疼痛往往给患者带来消极的情绪，所以在康复初期使患者树立信心是很重要的。腰背部损伤康复的目标和措施如表 8－5。

表 8－5　腰背部损伤康复的目标和措施

阶段	目标	措施
适应期	心情平静，树立信心，减少疼痛	减少疼痛，寻找警示信号并消除消极被动的疼痛处理局面
加强期	保持全身的力量和耐力素质	感觉动作练习、功能练习
保持期	加强腰部周围肌肉的力量，预防复发	功能练习

腰背部关节活动度参考值如表 8－6。

表 8－6　腰背部关节活动度参考值

关节	运动方向	参考值
胸腰部	屈曲	80°
伸展	20°～30°	
侧屈	35°	
旋转	45°	

引自：恽晓平．康复疗法评定学［M］．北京：华夏出版社，2005.

对于慢性背痛患者，除了正规的医学诊断和功能检查外，还应该加上影响运动员病情的心理因素的辅助检查。即使对健全的运动员，疼痛或害怕疼痛本身比诊断性影响的改变更为重要和更有制约力。当康复没有达到预期目标并且没有手术治疗的指征时，应修改康复计划。

四、膝关节损伤

（一）膝关节常见损伤分析

膝关节是身体中最为复杂与灵活的连接点，是大腿与小腿的连接纽带。在一些运动中膝关节需要在高速运动下的突然停止运动或开始，或是前、后、左、右灵活运动，所以膝关节在滑雪、篮球、跑步、足球等项目中很容易受伤。

发展膝关节周围全部肌肉群的多向运动是康复的关键。通过水中运动能够使受伤区域康复，因为水对膝关节有缩减压力的作用，这使得水成为膝关节创伤或者膝关节外科手术复原活动的完美载体。此外，任何膝关节的损伤都可能带来极度的疼痛和潜在的致残性，因此有效的疼痛管理对于整个康复过程也是很重要的。

膝关节的韧带损伤是一种发生在所有年龄阶层与专业的运动员身上的最常见的膝关节伤害之一。这种伤害通常来源于膝关节外部的直接弯曲，比如说足球或者橄榄球这些运动。例如：类似于滑雪或者足球这些活动中的下切式移动，膝关节内部的突然转向能够造成这种伤害。由于水中无重力的环境，水中治疗是韧带损伤恢复中的完美模式。在水中不会给关节带来任何的负重，通过水中的浮力也能够有效地支撑腿部的重量。在最初，膝关节的弯曲（因重力弯曲）是可以被避免的。水中康复计划的重点应是巩固膝关节、踝关节和臀部周边全部肌肉群的加强。

在青年人和跑步运动员中，膝关节的软骨软化是非常常见的。它反映为髌骨摩擦下产生的疼痛感，并在过度重复屈伸时疼痛感加强。芭蕾、跑步、下蹲或者过度频繁的上下楼梯将导致软骨软化。在运动员身上，软骨软化患者的疼痛感将持续出现在跑步后的一段时间，在这种疼痛变得不可承受之前，必须停止运动。水中康复练习能够在一种减压的环境中加强膝关节周围肌肉群的练习，以缓解膝关节处的压力，使膝关节更容易适应水中的环境。

（二）膝关节损伤的水中康复手段

1. 提　膝

动作要点：背靠池壁站立，单脚提膝至最高点。双脚交替练习。（图 8 – 17）

2. 弓步行走

动作要点：行进间进行弓步行走，前进时注意手臂摆动，肩膀没入水中。（图 8 – 18）

图 8 – 17　提膝动作

图 8 – 18　弓步行走动作视图

3. 兔子跳

动作要点：双手侧平举，向下蹲至肩部没入水中，向上纵跳。（图 8－19）

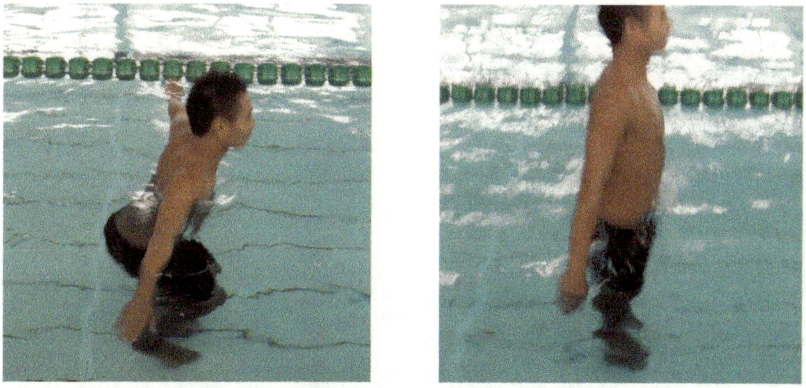

图 8－19　兔子跳

4. 前踢腿

动作要点：单手扶池壁或水线，单脚前踢至水面，注意踢腿时支撑腿不要屈膝。双腿交替练习。（图 8－20）

图 8－20　前踢腿

5. 横向摆腿

动作要点：背靠池壁或水线支撑，单脚支撑，单脚从体侧横向摆至体前，注意身体直立，不要有转体的动作。双腿交替练习。（图 8－21）

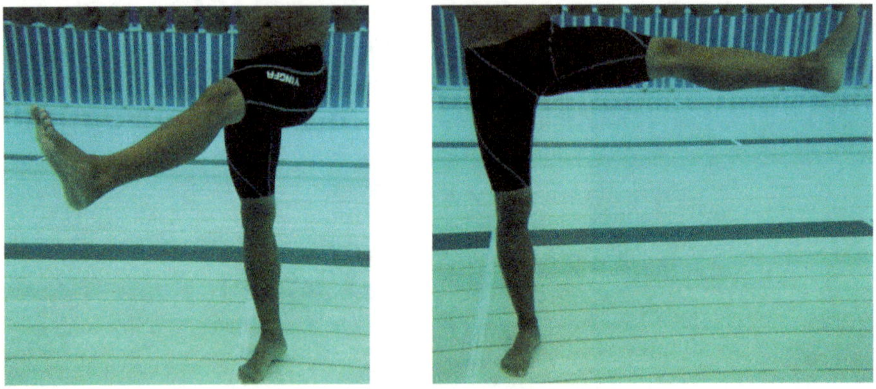

图 8－21　横向摆腿

6. 深水慢跑

动作要点：在深水区进行练习，戴好浮力腰带，在深水区慢跑，注意在水中跑步的频率要放慢，身体放松。（图 8－22）

图 8－22　深水慢跑

（三）膝关节损伤康复的监控指标

膝关节治疗和康复的主要目标是让受伤的结构愈合而又不丧失膝关节的机械稳定性。半月板、韧带、关节软骨和十字韧带损伤的康复目标和原则都是类似的。急性膝关节损伤康复的目标和措施见表 8 - 7。

表 8 - 7　急性膝关节损伤的康复目标和治疗措施

阶段	目标	措施
适应期	减少疼痛，逐渐恢复活动范围	感觉动作练习
加强期	正常的活动范围	平衡练习，功能练习
保持期	正常的神经肌肉功能，四头肌和腘绳肌的正常力量	力量练习，功能练习

膝关节损伤可以通过力量测试、功能测试和关节活动范围等方法来评价是否完全康复。膝关节关节活动度参考值见表 8 - 8。

表 8 - 8　膝关节关节活动度参考值

关节	运动方向	参考值
膝	屈曲	135°
	伸展	10°

引自：恽晓平．康复疗法评定学［M］．北京：华夏出版社，2005.

很多严重的膝关节损伤迫使运动员长期脱离运动，有些运动员甚至无法恢复运动，对于严重膝关节损伤的患者，心理方面的问题也是不可忽视的。在身体和心理没有完全康复前，运动员不应该参加接触性和膝关节扭转性的运动。理想的康复包括所有组织结构的愈合，双侧膝关节的力量、活动范围和神经肌肉的控制能力都能达到对称水平。参加有膝关节扭转动作项目的运动员处于膝关节再度损伤的危险之中，而理想的康复能够降低这种危险。

五、踝关节损伤

（一）踝关节常见损伤分析

常见的急性踝关节损伤是外侧韧带损伤，多是在跑步、跳跃和摔倒时发生踝关节内翻造成的，通常是外侧韧带受伤。常见的慢性踝关节疼痛多是由软骨损伤、踝关节滑膜炎和慢性失稳造成的。在踝关节扭伤后常常发生软骨骨折和软骨损伤，特别是因跳起着地或者快速跑引起的损伤更是如此。韧带失稳引起关节活动范围增大可以造成滑膜炎，而由于反复内翻发生失稳的患者，有时会感到踝关节突然失灵。踝关节的慢性疼痛通常在几天或几周内逐渐发生。在长跑运动员中大多数运动员都有踝关节疼痛的损伤，由于长跑是耐力项目，长时间的跑步需要踝关节的支撑，而运动员在跑步过程中也容易发生踝关节扭伤。

在伤后的 2 ~ 3 天内，使足部放松并用冰块包裹冷敷是必要的。当康复计划出来以后，多方位的强化运动对于矫正肌肉不平衡发展与防治重复损伤是很重要的。水是一个适合再次开始负重训练的地方，因为能够通过从深水区到浅水区的活动来逐步实现负重的增加。脚踝必须同时从前后两个部分的移动与从右边到左边的移动来进行强化，这样能够使得脚踝得到充分的复原并防止更大的伤害。对于那些易复发的人，可以选择一双高帮的球鞋来提高脚踝部位的稳定性。

（二）踝关节损伤的水中康复手段

1. 勾脚行走

动作要点：脚尖向上勾起，脚跟行走，注意步幅不要过大。（图 8 – 23）

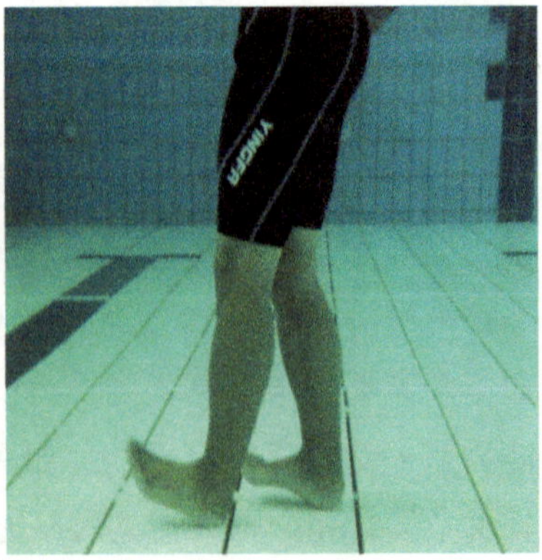

图 8 – 23　勾脚行走

2. 坐姿向后走

动作要点：坐在浮板上，手臂伸直保持平衡，背向向后走。(图 8－24)

图 8－24　坐姿向后走

3. 后踢腿

动作要点：手扶池壁或水线或浮力哑铃，单脚向后踢腿，注意后踢腿时勾脚。(图 8－25)

图 8－25　后踢腿

4. 单脚下蹲

动作要点：手扶池壁或水线支撑，单脚支撑，一脚向后勾脚，支撑腿做下蹲动作，再回起始动作。双脚交替练习。（图 8－26）

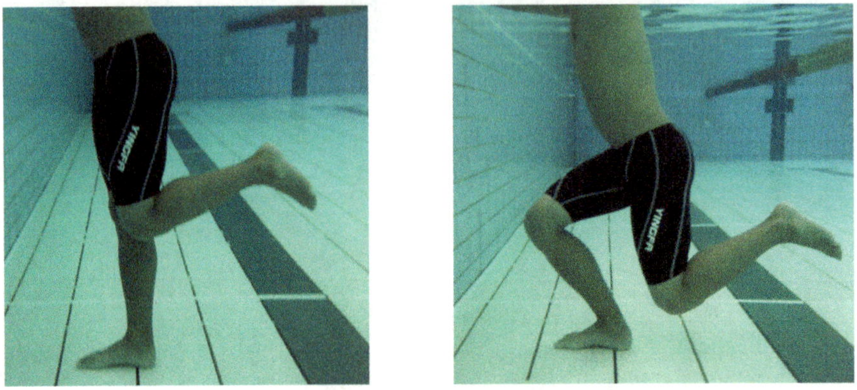

图 8－26　单脚下蹲

（三）踝关节损伤康复的监控指标

踝关节急性损伤和踝关节痛或失稳的康复一般要着重于神经肌肉功能的练习。踝关节的康复目标和措施见表 8－9。

表 8－9　踝关节损伤的康复目标和措施

阶段	目标	措施
适应期	减轻疼痛，在疼痛允许范围内进行功能练习	感觉动作练习
加强期	正常和无痛的活动范围，患者能够以正常的功能进行练习	平衡练习，功能练习
保持期	正常的神经肌肉功能，愈合受伤的韧带，不丧失其机械的稳定性或力量	平衡练习，功能练习

踝关节关节活动度参考值见表 8－10。

表8-10　踝关节关节活动度参考值

关节	运动方向	参考值
踝	背屈	20°
	趾屈	50°

引自：恽晓平．康复疗法评定学［M］．北京：华夏出版社，2005.

在进行水中康复练习前，应根据伤者的受伤情况制定各个阶段的康复计划，练习时应循序渐进。在练习时，如有不适或是疼痛感加强，应停止练习或是减少练习负荷，不要勉强自己，以免加重伤势。

思考题

1. 水中康复运动受哪些因素影响？
2. 水中康复运动需要遵循哪些一般原则？哪些特殊原则？
3. 哪些患者不适合进行水中康复运动？
4. 膝关节损伤的患者进行水中康复的监控指标有哪些？

推荐读物

1. 野村武男．章耀远，译．水中健身运动[M]．北京：人民体育出版社，2002.
2. 朱笛，温宇红．水中健身[M]．北京：人民体育出版社，2007.
3. Martha White. Water exercise[M]. Human Kinetics, 1995.
4. Lynda Huey, Robert Forster. The complete waterpower workout book - programs for fitness, injury prevention, and healing[M]. Random House, 1993.

参考文献

[1] 野村武男．章耀远，译．水中健身运动[M]．北京：人民体育出版社，2002.

[2] 朱笛，温宇红．水中健身[M]．北京：人民体育出版社，2007.

[3] 张钧．体育康复学[M]．广西师范大学出版社，2005. 7.

[4] 陆一帆．体疗康复与社区康复[M]．北京：北京体育大学出版，2008. 10.

[5] P. A. F. H 伦斯特伦．运动损伤预防与治疗的临床实践[M]．北京：人民体育出版，2005.

[6] 王芬等．高水平竞技运动损伤防治与康复研究[M]．北京：北京体育大学出版社，2008. 3.

[7] 张晓辉．水中体能训练的基础理论研究与探索[D]．北京：北京体育大学，2009.

[8] Lynda Huey, Robert Forster. The complete waterpower workout book – programs for fitness, injury prevention, and healing[M]. Random House, 1993:112 – 134.

[9] Martha White. Water exercise[M]. Human Kinetics, 1995. 1 – 130.

[10] Steve Tarpinian, Brian J. awbrey. Water Workouts[M]. Rowman & Littlefield, 2009:67 – 146.

[11] 贝尔，迈赫伦．高崇玄，译．运动损伤临床指南[M]．北京：人民体育出版社，2007.

[12] 刘斌．112 例肩关节损伤后期的康复治疗[J]．光明中医，2006，24(4).

[13] 恽晓平．康复疗法评定学[M]．北京：华夏出版社，2005. 7.

[14] 卢昌亚．水疗的康复效应、作用机制及其进展[J]．现代康复，2001，(8)：22.

[15] 曾文章，黄晓沕．水中健身运动效益之介绍[J]．远东学报，2006(6)：347 – 349.

第九章　不同人群开展水中活动的组织与指导

本章教学提示

1. 本章主要内容是不同人群开展水中活动的组织与指导，涉及体育院校、普通高校、中小学、健身俱乐部等群体。

2. 从水中活动课程的培养目标、组织形式、开展内容和注意事项等方面进行详细的介绍。

关键术语

不同人群、课程设置、组织、指导

第一节　体育院校水中健身课程设置

一、课程的培养目标

通过《水中健身》课程使学生掌握水中健身活动的发展史、现状；水中健身概念、分类和基本理论；运动场地、器材、练习动作编排；教学原则与方法等基本知识、技能、技术，具备能够组织与管理此项活动的基本能力。

二、体育类高校水中健身课程的定位

按照区别对待的教学原则，针对不同专业学生的需求，有针对性地开展水中健身课程，可以更有效、更有针对性地拓宽学生的知识面，更好地发挥学生的专长，为就业拓宽渠道，提高学生的身体素质。可将水中健身课程分为两类增设，一类是将水中健身课增设为体育类游泳专项或相关专业的专业课内容；一类是体育类其他项目学生增设为选修课、社团课。

三、学时分配

以北京体育大学 24 学时水中健身课程为例。每周安排 2 次课，每次 2 学时，开设 6 周。

表9－1　北京体育大学24学时水中健身课程课时计划安排

单元	教学内容	学时	学时分配				
			课堂讲授	技术训练	实验/实践/实操	考试	其他
一	开课须知	1	1				
二	水中健身基础知识	1	1				
三	水中健身操创编原则与方法	1	1				
四	水中健身教学原则与方法	1	1				
五	水中健身操	8		8			
六	水中游戏	2		2			
七	水中肌肉力量强化练习	4		4			
八	水中康复练习	2		2			
九	技术考核	2		2			
十	机动	2					2
合计		24	4	18		2	

四、教学内容、知识点与基本要求

以天津体育学院54学时水中健身操课程的教学内容为例，主要包括水中健身的理论知识和水中健身操基本动作及创编方法的学习，主要学习内容和基本要求见表9－2。

表9－2　天津体育学院水中健身课程内容及基本要求

<table>
<tr><th colspan="3">教学内容</th><th>知识点</th><th>基本要求</th></tr>
<tr><td rowspan="2">第一部分
水中健身
概论</td><td>第一节</td><td>起源、现状与发展趋势</td><td>1. 国内、外古代水中健身的概况
2. 国内、外现代水中健身的概况</td><td>了解水中健身起源、现状和发展趋势</td></tr>
<tr><td>第二节</td><td>分类、特点和对人体的意义</td><td>1. 水中健身的分类：水中健身操、水中娱乐、水中减肥、水中康复等各部分概况介绍
2. 水中健身练习对人体的作用</td><td>了解水中健身的分类、各类练习的发展状况以及对人体练习的作用</td></tr>
<tr><td rowspan="2">第二部分
水中健身
基础知识</td><td>第一节</td><td>基本动作和基本概念</td><td>水中健身活动的基本动作与概念</td><td>了解水中健身活动的基本动作及要领</td></tr>
<tr><td>第二节</td><td>水环境、解剖生物力学特点</td><td>1. 水环境的自然特性
2. 生理、生化与解剖生物力学特点
3. 水中练习的心理特点</td><td>了解水环境的自然特性、生理、生化与心理特点，掌握水中练习的基本知识</td></tr>
<tr><td rowspan="3">第三部分
水中健身操</td><td>第一节</td><td>水中健身操基本动作</td><td>1. 陆上水中有氧健身操基本动作模仿练习
2. 水中健身操基本动作（水中行走、板操、健身棒操）</td><td>掌握水中健身操的分类、创编以及内容等知识</td></tr>
<tr><td>第二节</td><td>水中健身操创编</td><td>水中有氧健身操组合、成套动作（板操、健身棒操）</td><td></td></tr>
<tr><td>第三节</td><td>其他水中练习</td><td>1. 水中肌肉力量强化练习
2. 水中游戏</td><td></td></tr>
</table>

五、实践环节

根据实际情况安排观摩以及游泳俱乐部或水中健身俱乐部水中健身教学的实践活动。

六、组织形式

目前，开设水中健身课程多以集体授课形式出现，教师领做，学生模仿跟练；陆上学习套路动作，水下实践等形式。根据课程内容和器材可分为浅水区教学和深水区教学。

图9－1　浅水教学

图9－2　深水教学

七、课堂器材

体育院校水中健身教学选用的器材有打水板、水中健身棒、水中阻力手套（手掌）、水中哑铃、浮带（助浮腰带）、水中哑铃等。为了保证教学效果还要有音响设备。其中最常用的课堂器材是打水板和水中健身棒。（图9－3～图9－7）

图9－3　水中阻力手掌

图9－4　水中阻力手套

图 9 – 5　助浮腰带

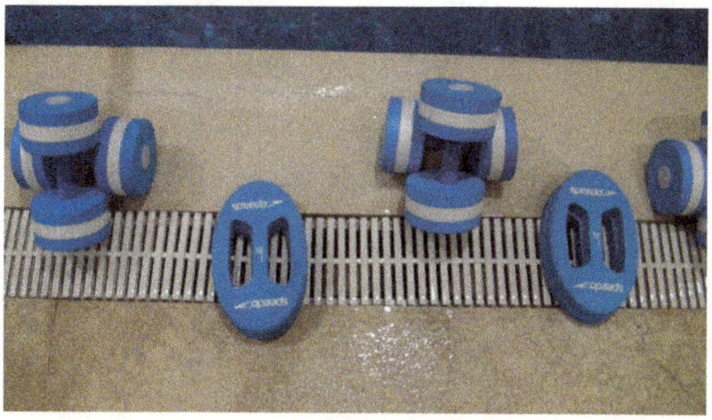

图 9 – 6　水中哑铃、手握阻力板

图 9 – 7　长柄水中哑铃

八、考核与评价

考核是指对学生通过课程学习所取得的成果进行测验与评定。它是检查教学质量和学生的学习成绩的重要途径。

系统地进行水中健身操教学工作的考核，能充分调动学生学习的自觉性、积极性，激励学生努力学习、刻苦训练，提高学习效果。通过定期考核，可以及时了解学生学习的情况，对改进教学方法，提高教学质量有重要作用。定期考核是根据大纲所规定的考核项目、时间和标准，对学生进行全面考核。它有助于教师了解学生的学习情况和教师的教学情况。

（一）考核内容及标准

1. 技术考核

技术考核一般就是对技术的评定，可以根据不同的教学任务、要求与教学对象制定相应的考核标准。技术评定可以参照近似比赛的要求，对完成成套动作中的规定动作和自选动作制定统一标准，根据学生的动作完成情况和表现力进行评分。

2. 动作编排评分

动作编排的评分主要是培养学生的组织与教学方面的实际操作能力，如对音乐的选择与运用，成套动作的编排，动作编排的独创性，组织训练能力等。对于相关的评分也要制定一个客观的标准。

3. 理论考核

理论考核应该依据教学大纲的要求，按照系统的科学程序组织进行，全面测量学生应具备的知识与能力。

以北京体育大学 24 学时水中健身课程考核方式为例。（表 9 – 3）

表 9 – 3　北京体育大学 24 学时水中健身课程考核方式

考核内容	考试类型	考核方式	占总成绩比例
水中健身操规定动作	考试	技评	50%
水中健身操创编及展示	考试	技评	40%
平时成绩		考查	10%

（二）考核方法与工作程序

考核方法应能全面、客观地反映学生的理论、技术与技能的真实水平，评分办法力求科学。考核可由教研组统一组织进行，要实行教考分离，做到公平、准确评分。

技术考核中的成绩应该符合竞赛规则，技术评定可由教研组指派几名监考教师分别评分，事先要根据评定标准，统一评分尺度。例如，在定期考核中，教师可参照水中健身操比赛的各项要求，预先给出规定动作、自选动作的难度标准及成绩评定的方法，然后让各班学生自行或按教师安排分成若干组，各组自行编排成套的动作及排练，最终进行比赛表演。教师根据各组整体的表现情况给出客观的评定。以北京体育大学24学时水中健身课程成绩评定方法为例，见表9-4。

理论考核要力求标准化，应该编制水中健身操的试题库，以利于操作，同时有利于学生复习掌握理论知识。

表9-4　北京体育大学24学时水中健身课程成绩评定方法

	成绩评定方法
考核的依据	以本课程教育目标为依据。
考核的内容	技术考核。分为规定动作和自编动作两部分。规定动作为课上学习的成套操类。自编动作为分组（每组4~5名学生）进行水中健身操创编与表演（示范自行创编的水中健身操3~5分钟）。
考核的方式	技评由教研室组织的专门考核组（2~3人）给以技评。
技术评分标准	91~100分：编排合理，示范动作正确，配合协调，动作指示语言准确、精炼，能很好地利用水的自然特性，动作完成好，无失误。 75~90分：编排合理，示范动作较正确，配合较协调，动作指示语言准确、精炼，能较好地利用水的自然特性，动作完成较好，无失误。 60~74分：编排较合理，示范动作基本准确，配合不太协调，动作指示语言不够准确，基本能利用水的自然特性，失误两次以下。 60分以下：编排不合理，示范动作不正确，配合差，不能利用水的自然特性，失误两次以上。
平时成绩考核	根据学生的学习态度、出勤、回答课堂提问等情况评定成绩

九、注意事项

（一）由于教学对象和课时安排的不同，体育院校开设的水中健身课程也略有差异。

（二）水中健身活动场地要求游泳池底部平坦但不光滑。光滑的池底在做动作时容易造成身体平衡性差，在练习时可以穿水中健身鞋。

（三）在深水区进行教学时一定要注意学生的安全。课前布置好场地器材、准备好教案并询问学生身体状况，避免发生意外事故。

第二节　普通高校水中健身课程设置

一、课程的培养目标

普通高校开设水中健身课程，主要是通过该课程使学生基本了解水中健身活动的发展史、现状；水中健身概念、分类和基本理论、运动场地、器材等基本知识、能够熟练掌握技术动作；培养学生的韵律感、节奏感，增强学生的自信心，锻炼他们审视美、表现美的能力，提高身体各部位协调性和灵敏性，增强有氧代谢能力，从而达到全面提高身体素质，促进身体健康的运动效果，并且促进学生们积极参与体育锻炼。

二、普通高校水中健身课程的定位

水中健身项目因为它具有的魅力和独特的形式越来越受到广大青年学生的喜爱，为了增强学生体质，提高体育锻炼能力，普通院校可以通过增设公共体育课，成立单项俱乐部、社团等形式，满足学生对水中健身活动的需求，增强对水中活动的兴趣。

三、学时分配

目前普通高校的水中健身课程授课学时数主要以36学时为主。每周安排1次课，每次2学时，开设18周。

表9－3　普通院校水中健身课程学时分配

教学内容	教学时数	教学形式	时数分配	备注
水中健身概论	1	讲授	1	
基础知识	1	讲授	1	
水中健身方法与内容	30	讲授与实践	30	
考核		随堂考核	4	
合计	32		36	

四、教学内容、知识点与基本要求

表9－4　普通院校水中健身课程内容及基本要求

教学内容			知识点	基本要求
第一部分 水中健身概论	第一节	起源、现状与发展趋势	1. 国内、外古代水中健身的概况 2. 国内、外现代水中健身的概况	了解水中健身起源、现状和发展趋势
	第二节	分类、特点和对人体的意义	1. 水中健身的分类：水中健身操、水中娱乐、水中减肥、水中康复等各部分概况介绍 2. 水中健身练习对人体的作用	了解水中健身的分类、各类练习的发展状况以及对人体练习的作用

续表

教学内容			知识点	基本要求
第二部分水中健身基础知识	第一节	基本动作和基本概念	水中健身活动的基本动作与概念	了解水中健身活动的基本动作及要领
	第二节	水环境、解剖生物力学特点	1. 水环境的自然特性 2. 生理、生化与解剖生物力学特点 3. 水中练习的心理特点	了解水环境的自然特性、生理、生化与心理特点，掌握水中练习的基本知识
第三部分水中健身操	第一节	游泳	1. 熟悉水环境 2. 掌握基本的水中呼吸及漂浮技术 3. 初步掌握蛙泳技术	熟悉水环境，使学生初步掌握水中技能
	第二节	水中健身操	1. 陆上水中有氧健身操基本动作模仿练习 2. 水中健身操基本动作（水中行走、板操、健身棒操） 3. 水中有氧健身操组合、成套动作（板操、健身棒操）	掌握水中健身操的分类、创编以及内容等知识

五、组织形式

普通高校开设水中健身课程以集体授课形式出现，教师领做，学生模仿跟练。由于水中健身练习的特点，没有游泳基础的学生也可参加，扩宽了授课人群，为了保证课堂效果，课程设立“游泳 + 水中健身”的组织形式。在课程之处加入一些游泳的练习内容，让学生能够体会并利用水的特性跟随教师在水中进行水中健身各种动作的练习。普通高校水中健身课程只设浅水区教学内容。

六、考核与评价

（一）考核形式

按评分标准由任课教师随堂进行评定，学生徒手操或器械操任选其中一种进行自编考核，以小组为单位，每组6～8人。

（二）考核内容与评价标准

1. 考核内容：教师课堂授课内容的各种操类。

2. 评价标准

（1）技术评定

评分标准：

91～100分：动作正确，配合协调，能很好地利用水的自然特性，动作完成好。

81～90分：动作正确，配合较协调，能较好地利用水的自然特性，动作完成较好。

71～80分：动作较正确，配合基本协调，基本能利用水的自然特性，失误较少。

60～70分：动作基本准确，配合不太协调，利用水的自然特性较差，失误比较多。

60分以下：动作不正确，配合差，不能利用水的自然特性。

（2）考核要求

① 学生以组为单位，选出一名学生陆上带操，其余学生水下跟练。

② 每组考核时间为2分钟。

③ 考核内容为教师平日上课的操类内容，从中节选2分钟内容，按照授课内容的顺序进行。

④ 最终学生的成绩以组为单位，由陆上领操学生和水下跟练学生的综合打分给出。

七、注意事项

（一）普通高校选择开设水中健身课，所选课程的学生不一定具备游泳、舞蹈或健美操基础。只要喜欢、愿意参加、身体健康、无任何疾病史即可参加锻炼，进行课堂教学时要注意学生的安全。

（二）水中健身活动场地要求，游泳池底部平坦但不光滑。光滑的池底在做动作时容易造成身体平衡性差，在练习时可以穿水中健身鞋。

（三）在课前布置好场地器材、准备好教案并询问学生身体状况，避免发生意外事故。由于参与练习学生游泳基础参差不齐，教师要精神高度集中，既要完成课堂教学内容同时又要注意观察学生情况。

第三节　中小学水中健身课程设置

一、中小学开设水中健身课程的必要性

中小学开设水中健身课程具有一定的实际意义。由于少年儿童正处于身体发育阶段，身体各器官发育还不完善，进行体育锻炼一定要选择适合少年儿童发育特点并且安全不易触伤的体育锻炼项目。由于水中健身活动可以培养学生正确的身体姿势，避免陆上身体锻炼时负重过大的弊端；可借助水的难以压缩性，在水中进行陆上不可能完成的多种跳跃性动作，既增强了学生有氧锻炼能力，又激发了学生丰富的想象力并且不会对膝关节造成损伤；符合学生们亲水天性的需要，调动了学生参与体育锻炼的积极性；使学生掌握水中锻炼的卫生健康、安全常识，学会自我保护，避免发生意外伤害事故。随着全国水中健身比赛的开展，全国有越来越多的中小学学生参加了这项活动，可见水中健身课程在中小学的开展有一定的必要性。

二、课程的培养目标

（一）小学课程的培养目标

《水中健身》课程的增设，丰富了小学体育课程内容。通过水中各种行走、水中跳跃、水中游戏等内容使学生了解水的特性，发展学生的平衡能力和协调性。掌握水中锻炼的卫生健康和安全常识，培养参加水中体育锻炼的好习惯。

（二）中学课程的培养目标

通过水中健身课程，使学生基本了解水中健身的概念、分类、运动场地、器材等基本知识、提高对水的控制能力，能够跟随教师熟练地完成技术动作，提高身体各部位协调性和灵敏性，培养学生的韵律感，表现美的能力，增强有氧代谢能力，全面提高身体素质。掌握水中锻炼的卫生健康和安全常识，促进身体健康，增强学生们参与体育锻炼的积极性。

三、学时分配

小学水中健身课程一般每学期开设 8 学时，每次课 40 分钟。中学水中健身课程一般每学期开设 12 学时，每次课 45 分钟。

表 9－5　中小学水中健身课程学时分配

授课内容	授课形式	小学	中学
		授课学时	授课学时
水中锻炼健康常识和安全知识	讲授	1	1
水中行走和跳跃练习	实践	3	2
水中游戏	实践	4	3
水中健身操	实践	/	6
学时合计	8	12	

四、教学内容和基本要求及培养目标

中小学水中健身课程内容主要包括水中健康锻炼的常识及安全知识，水中基本的游戏活动，还有基本的水中健身操练习。小学水中健身课程主要以熟悉水性和简单的水中游戏活动为主，增加学生水中活动的兴趣；中学水中健身课程则可在小学学习内容基础上至少加入水中健身操练习，更加丰富学习内容，培养学生协调能力。（表9－6）

表9－6　中小学水中健身教学内容与基本要求

授课内容	小学		中学	
	培养目标	基本要求	培养目标	基本要求
水中健康锻炼常识和安全知识	养成水中锻炼的好习惯	掌握水中锻炼的健康常识和安全知识	养成水中锻炼的好习惯	掌握水中锻炼的健康常识和安全知识
水中行走和跳跃练习	培养学生身体的平衡能力和协调性	掌握水中行走和跳跃的基本动作，熟悉水环境、消除恐惧感	培养学生身体的平衡能力和协调性，提高身体素质	掌握水中行走和跳跃的基本动作，进一步熟悉水环境，消除恐惧感，使学生加强身体对水的控制能力
水中游戏	培养学生水中锻炼的学习兴趣，增强有氧代谢能力	学生进一步熟悉水环境，消除恐惧感，增强自信心	培养学生水中锻炼的学习兴趣，增强有氧代谢能力	学生进一步熟悉水环境，能独立完成学习内容，增强自信心
水中健身操	/		学生能跟随教师熟练完成水中健身操动作	培养学生的韵律感，表现美的能力，增强有氧代谢能力，全面提高身体素质，培养终身体育意识

五、组织形式

中小学开展水中健身课程主要以班级为单位集体授课（每班人数控制在30人以内），每班安排一至两名任课教师，教师领做，学生跟练。

六、注意事项

（一）由于中小学各年级学生身高、体形差异较大的特点，应注意场地设施、泳池水位的高度，以适应学生特点进行练习。

（二）进行水中健身活动时，要求游泳池底部平坦但不光滑。光滑的池底在做活动时容易造成身体平衡性差，在练习时可以穿水中健身鞋。

（三）在进行教学时一定要注意学生的安全。课前布置好场地器材、准备好教案并询问学生身体状况，避免发生意外事故。由于参与练习学生游泳基础参差不齐，教师精神高度集中，在完成课堂教学内容同时注意观察学生。

（四）在选择水中游戏内容时，一定要根据学生的具体情况，选择适合学生水平的练习内容。

第四节　健身俱乐部水中健身课程

一、健身俱乐部开展水中健身的意义

将水中健身内容引入健身俱乐部，这样既丰富了健身俱乐部的健身内容，又使水中健身活动借助这个平台更好地发展起来，让更多的人们认识和了解水中健身这一新兴项目，享受其带来的乐趣和独特的锻炼效果。水中健身的适用人群较为广泛，不会游泳的人也可参加锻炼，这不仅扩大了参与锻炼的人群数量，更有

利于增加俱乐部的经济效益。

二、健身俱乐部不同人群水中健身内容的选择

健身俱乐部要根据练习者身体状况、健康水平以及不同的需要，为练习者设计水中健身内容（表9－7）。

表9－7 俱乐部针对不同人群安排水中健身内容

人群划分		目标	练习内容
初设水中锻炼人群	久未参加运动	提高有氧能力、发展肌肉力量	深水、浅水练习
	肥胖者	减肥（局部或全身）	深水、浅水练习、肌肉强化练习
	怕水者	提高身体的平衡能力	浅水水中行走、跳跃练习
	中老年者	提高柔韧性	水中力量、浅水水中柔韧
健身爱好者	身体素质逐渐提高	提高有氧和无氧能力 增大肌肉力量 控制体重 提高速度和爆发力	水中力量、深水练习 深水、浅水练习、水中力量 深水、浅水练习 水中力量、肌肉强化练习 深水、浅水练习、水中力量
伤病患者	膝关节受伤者	发展有氧能力、提高下肢肌肉力量	深水、浅水练习、水中力量
	腰损伤者	发展有氧能力、提高下肢肌肉力量	深水、浅水练习、水中力量
	更年期综合征者	发展有氧能力、提高身体的平衡能力和协调性	浅水练习、水中柔韧、力量等练习
	高血压病、冠心病者	发展有氧能力、提高心肺功能	浅水练习、水中行走、水中游戏

三、健身俱乐部水中健身课程练习强度负荷的控制

俱乐部1次水中健身课授课时间一般安排在60分钟左右，如果需要强化某部位或者有专门的需求可以适当地延长练习时间。一节课的运动负荷决定于练习的持续时间或重复的组数、次数、个数、距离等。合理安排课程内容和课程强度，练习过程中注意循序渐进，练习内容要从易到难，根据学员学习情况逐步增加运动强度。对运动强度的控制最常用的方法是测心率，还有主观感觉程度（RPE）。

四、俱乐部开展水中健身课程的注意事项

（一）俱乐部开展水中健身内容首先要对练习人群的身体健康状况做出正确的分析并给以正确的健康锻炼说明指导。

（二）要针对参与练习人群的不同需要和身体实际情况，有选择地开展深水区或浅水区练习。

（三）每次进行练习前要对练习者进行身体状况询问，教员做好充分心理准备，做好上课准备，及时调整课堂内容。

（四）水中健身活动场地要求，游泳池底部平坦但不光滑。光滑的池底在做动作时容易造成身体平衡性差，在练习时可以穿水中健身鞋。

思考题

1. 根据体育院校水中健身课程的基本要求，设计一节水中健身课教案。

2. 针对普通院校大学生开设水中健身课程，在教学过程中应注意哪些问题？

3. 如果你是一名在健身俱乐部工作的水中健身课教练，你将如何给久坐不运动的上班族安排水中健身课程内容呢？

推荐读物

1. 野村武男. 水中漫步健康法[M]. 台北:大展出版社有限公司,2002.
2. 朱笛,温宇红. 水中健身[M]. 北京:人民体育出版社,2007.
3. 张晓辉. 水中体能训练的基础理论研究与探索[D]. 北京体育大学,2009.
4. 高丽萍,杨文杰. 腰肌劳损水中康复方法的研究[J]. 商业文化,2008,9.

参考文献

[1] 谭思洁,刘询. 健康评价与运动处[M]. 天津:天津科学技术出版社,2005.
[2] 朱笛,温宇红. 水中健身[M]. 北京:人民体育出版社,2007.

第十章 水中健身竞赛组织与实施

本章教学提示

1. 本章主要是介绍水中健身操竞赛筹备、组织机构、赛前工作流程等情况，以及比赛中总裁判、编排裁判、完成裁判、编排记录、检录、宣告等裁判员的职责及相关操作规范。

2. 通过学习、掌握水中健身操竞赛组织和裁判法的基本知识，为今后组织水中健身操和担任水中健身操裁判工作打下基础。

关键术语

水中健身操、竞赛、组织流程、评判方法、裁判职责

第一节　水中健身操竞赛组织流程

水中健身操竞赛是开展游泳运动以及全民健身运动的一项重要内容，也是水中健身操 教学和训练的组成部分。通过竞赛能交流经验，互相学习，增进友谊，更好地促进水中健身操技术水平的提高，培养运动员的意志品质和集体主义精神。同时，通过水中健身操比赛能有效促进群众性游泳活动的开展，推动全民健身计划的实施。

一、水中健身操竞赛的筹备

（一）赛前准备

1. 成立领导机构，确定组织方案。
2. 设立组织机构，明确分工。
3. 制定水中健身操竞赛规程。
4. 编排竞赛日程。
5. 组织报名。
6. 总裁判长及裁判员的选派、聘任。
7. 编印秩序册。
8. 比赛场地器材的准备。
9. 住宿、交通的准备。
10. 总裁判、教练员技术会。说明有关竞赛规程及补充通知中不明确或易引起争议的条文，根据组别和项目抽取比赛出场顺序。

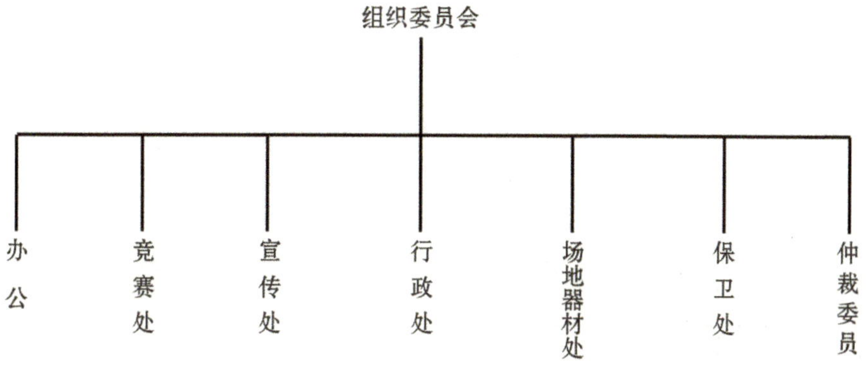

图 10－1　水中健身操比赛组织结构图

（二）竞赛期间

1. 根据大会报到日期，做好裁判员和各参赛队等的接待工作。

2. 召开各类会议。包括组织委员会会议、裁判员动员大会、总裁判和教练员联席会议等。

3. 开幕式。

4. 组织比赛。根据竞赛规程和规则，按比赛日程和抽签出场顺序组织比赛和颁奖。

5. 比赛期间，大会各部门应经常与裁判员及各参赛队联系，深入听取意见，不断改进工作，使竞赛顺利进行。

（三）赛后工作

1. 闭幕式及团体颁奖。

2. 整理成绩资料，印发成绩册。

3. 各部门总结。

4. 安排和办理各队及裁判员离会事宜。

5. 组织委员会总结，向上级汇报。

6. 大会人员离会。

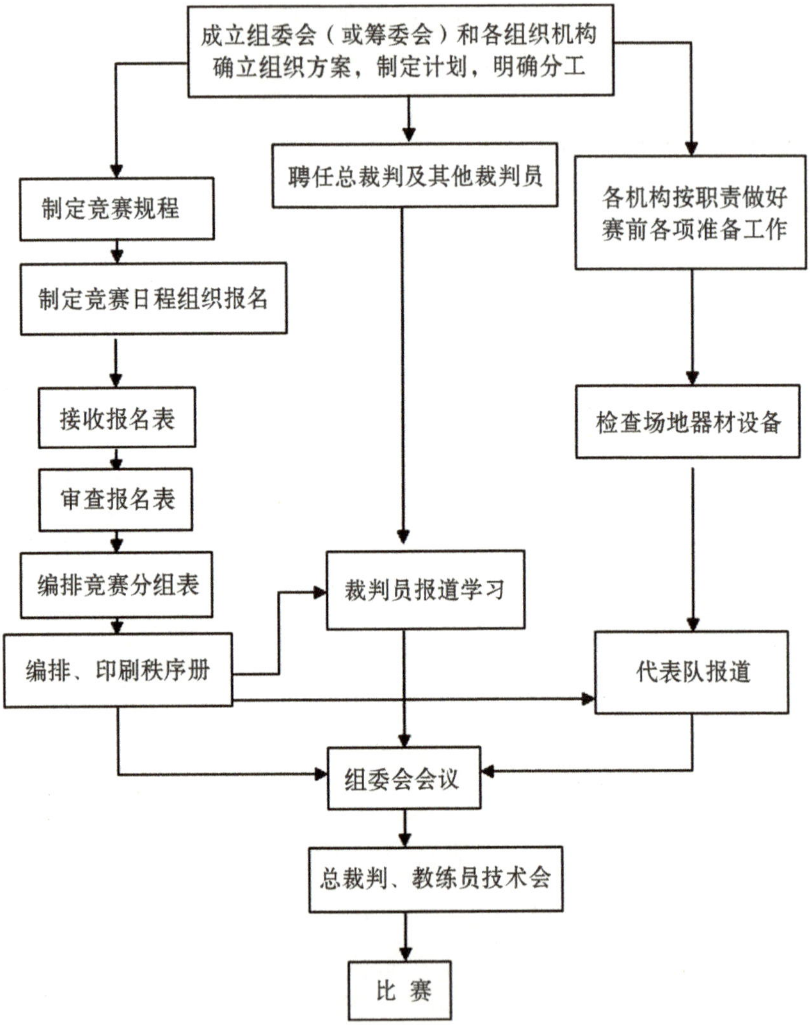

图 10－2　水中健身操比赛前工作流程图

二、水中健身操裁判员的职责

（一）总裁判长

1. 总裁判在组委会领导下，全面领导和分配全体裁判员的工作，明确各裁判员的职责和任务，并组织裁判员进行裁判实习和总结。

2. 总裁判应严格执行竞赛规程和竞赛规则，解决比赛中的有关问题，并可决定规则中未详尽和没有明文规定的问题，但不能修改规程和规则。

3. 总裁判应于比赛前检查场地、器材是否符合规则的规定。

4. 总裁判可随时干预比赛，以保证规程和规则得以执行，有权裁定有关比赛进行时的各种异议。

5. 当出现最后得分相同时，可判定最后名次。

6. 总裁判为保证竞赛顺利进行，可随时指派替补裁判员上岗工作，在必要时有权撤换不称职的裁判员。

7. 各项、组的比赛成绩须经总裁判签名。

（二）编排裁判组

1. 编排裁判组设 5 名裁判，其中 1 名任组长。

2. 组长在赛前组织裁判员认真学习规则和规程，统一裁判尺度，并进行赛前实习。

3. 编排裁判组评价动作编排的艺术价值，包括音乐伴奏和动作编排（规定动作是否符合规则、身体动作的选择，器械动作的选择，科学性、有效性、一致性、多样性、创新性）。

（三）完成裁判组

1. 完成裁判组设 5 名裁判，其中 1 名任组长。

2. 组长在赛前组长裁判员认真学习规则和规程，统一裁判尺度，并进行赛前实习。

3. 完成裁判组评价动作的完成情况，根据动作完成的准确性、动作幅度、美观程度、同步情况等，对任何偏离完美完成的所有动作错误给予减分。

图 10－3　水中健身操比赛裁判员

（四）其他裁判组

1. 检录员：2～3 名，按照比参顺序表及赛前确定的开场时间进行 2 次检录。

2. 记录员：2～3 名，抽签后出印、发放比赛顺序表；计算各队各项比赛最后得分，填写成绩统计表；经总裁审后，录入电脑程序并出印、发布、发放成绩单。比赛结束后编辑印制成绩册。

3. 计时员：1～2 名，负责记取各队比赛的时间，若有犯规，及时报告总裁判。

4. 放音员：1～2 名，负责报到后各队音乐盘的审查和试盘；负责按顺序表播放比赛音乐；负责与承办地音响师等联络，保证赛前相关器材、人员到位。

5. 宣告员：1～2 名：负责根据总裁判的指令和竞赛规则、规程编写播音脚本，经总裁判审核后按脚本在比赛开始及过程中介绍裁判员、运动队出场；介绍比赛项目、分组顺序、各队队员、各队得分、名次及团体总分等内容；介绍水中健身活动。

（五）仲　裁

1. 仲裁人员由中国游泳协会选派。

2. 申诉：参赛者应遵守本规则，服从裁判，服从组委会安排。比赛现场如需裁决的问题，由参赛队指定专人向仲裁提出申诉。

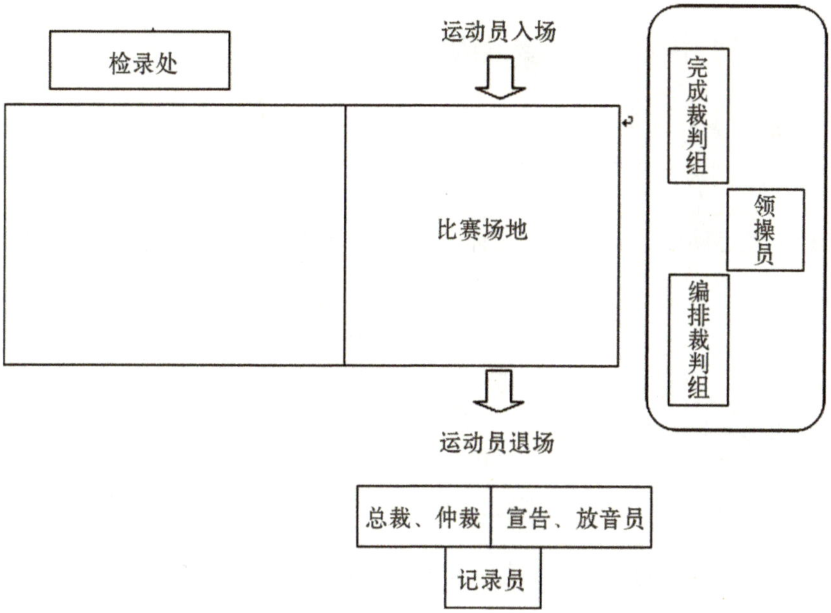

图 10－4　水中健身操比赛裁判员布局图

第二节　全国水中健身操竞赛通则及评判方法

一、全国水中健身操竞赛通则

（一）全国水中健身操比赛项目

1. 徒手规定动作操：双人、集体。在 12 个规定动作中，至少使用 10 个编排成套路。

2. 器械操：双人器械（棒操、板操、划手掌操）、集体器械（棒操、板操、划手掌操）。

3. 深水徒手操：集体。

（二）全国水中健身操比赛组别

1. 高校组分为体育院校组和普通院校组，仅限在校师生报名参赛。

2. 中学组、小学组仅限在校生报名参赛。

3. 分龄组

（1）50 岁组以上。

（2）35－49 岁组：允许 1 至 2 人年龄超过 49 周岁。

（3）34 岁以下组：允许 1 至 2 人超过 34 周岁

（三）出场顺序

所有项目只进行一次性决赛，比赛的出场顺序在赛前技术会上通过抽签确定。

（四）成套动作时间

徒手规定动作操、器械操、深水徒手操时间为 3 分 ±10 秒。

（五）比赛音乐

参赛者须自备高质量的音乐 CD 盘或 U 盘，并且清楚标注音乐的时间、比赛项目、参赛队名称。计时应以伴奏开始和结束为准，不包括开始提示音。

（六）比赛服装

1. 男子须穿泳裤，女子须穿连体式泳衣。领操员须着健身服、运动服和运动鞋。

2. 规定动作各参赛队须带本队同色泳帽。

3. 参赛队可以统一穿水中健身鞋或赤足。

（七）比赛场地与设备

1. 泳池：比赛可在 50 米或 25 米标准泳池中进行。

2. 比赛区域：在池中 20 米长 20 米宽的区域内进行比赛。

3. 水的温度：水温 27－30℃，比赛水深为 1.0－1.4 米。

4. 比赛须配备音响设备，可使用分贝仪，以监测和保证每队伴奏盘音强平均声压级在 90－100 分贝内。

5. 比赛需配备摄像设备。

二、水中健身操比赛评分方法

编排组和完成组裁判组均采用 5 人制，分别去掉一个最高、低分，其余 3 名裁判员给分的平均分为运动员最后的得分，此平均数精确到小数点后一位。

（一）评分分值

编排裁判员 0.00 分至 10.00 分。每种失误累计减分不超过 2 分。

完成裁判员 0.00 分至 10.00 分。每种失误累计减分不超过 2 分。

（二）评分计算

编排分（最高 10 分）：去掉 1 个最高、1 个最低分，其余 3 个分的平均值为所得分。

完成分（最高10分）：去掉1个最高、1个最低分，其余3个分的平均值为所得分。

（三）最终成绩和录取名次

1. 编排分、完成分和总裁判评分之和。最高为20分。各项目各组录取前8名。

2. 评选“编排奖”“领操员奖”“体育道德风尚奖”。

3. 团体总分计分办法

（1）徒手操、器械操、深水徒手操按9、7、6、5、4、3、2、1记分。

（2）团体总分按各队徒手操、器械操、深水徒手操名次得分、累计相加排列名次；总分相同，以第1名多者列前；再相同，以第2名多者列前，依此类推。

（3）团体总分录取前8名，颁发团体奖。

三、水中健身操比赛评分标准

所有的评判都基于规则所描述的规定动作为完美的标准。必做规定动作必须按顺序完成。考虑动作的准确性、伸展性、平衡性、稳定性、协调性和划水的效率。

运动员得分从0~10分，用0.1分计算。

表10－1　水中健身操比赛完成情况基本标准

完成情况	分值
完美	10分
接近完美	9.9至9.5分
优秀	9.4至9.0分
很好	8.9至8.0分
好	7.9至7.0分

续表

完成情况	分值
及格	6.9至6.0分
满意	5.9至5.0分
有缺陷	4.9至4.0分
薄弱	3.9至3.0分
非常薄弱	2.9至2.0分
几乎不被承认	1.9至1.0分
失败	0分

（一）动作完成情况

1. 身体姿态有控制能力，不符合要求扣0.20分。

2. 动作的力度：成套动作的爆发力、耐久力。力度是通过动作快速准确到位的延伸制动控制来实现，不符合要求扣0.20分。

3. 动作的准确性：动作规范、准确，不符合要求扣0.20分至0.50分。

4. 动作的熟练性：轻松流畅，完成规定动作时，动作熟练且无漏做动作，漏做一个动作扣0.10至0.50分。

5. 出界：身体的任何部分出界，每次扣0.3分。

6. 失去器械：器械脱手，每次扣0.3分。

（二）表现力和团队精神

1. 队形：队形变化清晰、流畅，不符合要求扣0.20分。

2. 同步性：集体动作整齐，不符合要求扣0.20分。

3. 表现力：参赛者要体现自信力、感染力，不符合要求扣0.10~0.50分。

4. 参赛者服装仪容

（1）参赛者服装不符合规定、佩带危险或不健康装饰物，扣0.20分。

（2）妆容表现出不健康向上的元素，扣0.20分。

（三）动作编排设计

1. 设计应舒展、优美、大方、健康、有动感。

2. 利用水的特性，编排符合水中健身项目的特点。器械操中以器械在水面和水面下的动作为主。不符上述要求扣0.20~0.50分。

3. 动作组合应体现出协调性与多样性，动作内容应体现均衡性与连接性。不符上述要求扣0.20~0.50分。

4. 规定动作少做一个，扣0.2分。未按顺序编排，扣0.1分。

5. 开始和结束动作：开始和结束动作设计清楚，开始和结束允许出现托举动作。不符上述要求扣0.20分。

6. 依次动作：参赛者可以依次或分批做动作，停顿节拍不超过1×8拍。不符要求扣0.10~0.20分。

7. 场地及空间：成套动作应充分地利用场地区域和方向变化，方向变化不少于3次，队形变化不少于3次，不符要求扣0.10~0.50分。

8. 违例动作：不允许将头潜于水下或倒立等危险动作，不符要求扣0.30~0.50分。

9. 器械运用：器械运用合理安全，不符要求扣0.10~0.50分。

10. 身体动作：动作应符合人体解剖和力学特点，不应设计容易造成运动损伤的动作，不符要求扣0.30~0.50分。

（四）独创性、多样性

成套动作的编排要突出独特风格，且有多样的变化。不符合要求扣0.2分。

（五）音　乐

1. 音乐的选配：音乐应保持完整性，并与成套动作风格协调，有利于表现参赛者的个性特点与技术风格，不符要求扣0.10~0.3分。

2. 音乐的速度与质量：成套动作音乐允许有2×8拍的前奏，音乐的速度为108－132拍，不符合要求扣0.20分。

3. 动作与音乐：每个动作与音乐韵律保持一致，动作要充分表现音乐的情绪，不符合要求扣0.20分。

4. 音乐：时间不足或超过规定时间，不符合要求扣0.2分。

（六）参赛纪律

1. 参赛者接到指令后才能入场，不符合要求扣0.20分
2. 参赛者拖延入场，扣0.20~0.5分，
3. 参赛者不得在比赛场地内做准备活动，不符合要求扣0.20分。

思考题

1. 组织水中健身操竞赛，在赛前筹备工作阶段有哪些工作要做?
2. 水中健身操竞赛规程有哪些内容? 试制定一个水中健身操的规程。
3. 水中健身操比赛秩序册有哪些内容?
4. 水中健身操完成分的评判。
5. 水中健身操编排分的评判。

推荐读物

1. 国际泳联花样游泳竞赛规则2013－2017. 中国游泳协会编译，2013.
2. 国际泳联花样游泳裁判员手册2013－2017. 国际游泳联合会，2013.

参考文献

[1] 全国体育院校教材委员会审定．游泳运动[M]. 北京:人民体育出版社,2001. 10.
[2] 国际泳联花样游泳竞赛规则2013－2017. 中国游泳协会编译,2013.
[3] 国际泳联花样游泳裁判员手册2013－2017. 国际游泳联合会,2013.